AF400182

FSC
www.fsc.org
MIXTE
Papier issu
de sources
responsables
Paper from
responsible sources
FSC® C105338

# Trois Coups de tonnerre

Jean Clayrac

# Trois Coups de tonnerre

Confession d'un
antiraciste ordinaire

Essai

Édition : BoD – Books on Demand
12/14 rond-point des Champs-Élysées, 75008 Paris
Impression : BoD - Books on Demand, Norderstedt, Allemagne
Première édition : septembre 2021

ISBN : 978-2-322-38698-7

Dépôt légal : novembre 2021

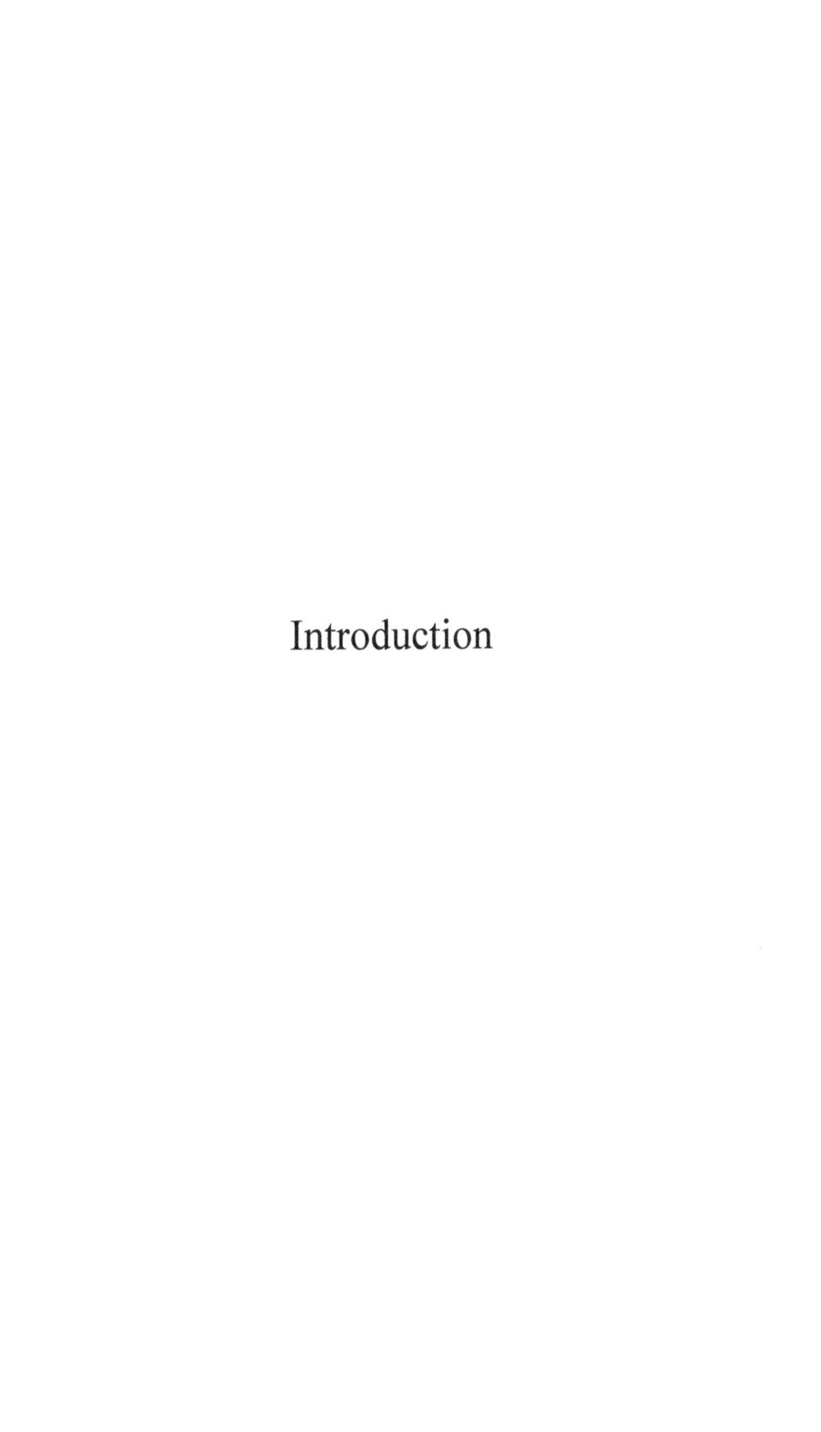

# Introduction

France, janvier 2021.

Trois coups de tonnerre ont retenti l'année dernière : trois avertissements qui pourront être salutaires si nous les entendons ou qui nous accableront dans les siècles futurs si, par une obstination insensée dans les paradigmes qui nous ont aveuglés jusqu'ici, nous choisissons d'y rester sourds.

# Première partie :
# Réveillés en sursaut d'un sommeil volontaire

–

# Le constat du déni

# Chapitre I

# Les trois coups de tonnerre

**L'idéologie séditieuse de « l'indigénisme »**

Le premier « coup de tonnerre » éclata dans le courant du mois de juin, dans le brouhaha des débordements du mouvement *Black Lives Matter*.

Le 25 mai, une interpellation menée par quatre policiers à Minneapolis, dans le Minnesota, avait abouti à la mort de George Floyd un homme noir au passé criminel, certes, mais qui ne lui méritait pas une telle bavure. Filmée par des témoins, la scène, extrêmement choquante, fit rapidement le tour du monde et des émeutes se déclarèrent dans plusieurs villes américaines, sous l'œil d'abord plutôt bienveillant des médias français. Il s'agissait, pensions-nous, d'émeutes antiracistes à la française : « universalistes ».

Rapidement, cependant, les événements nous firent découvrir des méthodes et un fond idéologique aux antipodes de nos standards nationaux. Les méthodes, d'abord, se firent de plus en plus violentes : les saccages se multiplièrent, les statues de personnalités liées de plus ou moins loin à l'esclavage ou au racisme furent détruites (nous disions alors encore, pudiquement : « déboulonnées »). Le lien avec le racisme se fit de plus en plus ténu : Christophe Colomb, George Washington, Winston Churchill furent visés. Le voile du prétexte antiraciste se déchirait, laissant apparaître la jubilation primaire de la destruction. Il semblait enfin qu'il n'était pas question, au sein de ces mouvements, de réduire la distance que le racisme créait entre les hommes mais de l'accroître : on ne demanda pas aux blancs de se placer aux cotés des noirs dans leur lutte ; on leur intima l'ordre de s'agenouiller devant eux. On promut de nouveau la discrimination : le livreur de repas Uber Eats mit en place un filtre racial pour identifier les restaurants tenus par des noirs, dans le but de les soutenir en priorité durant la crise du coronavirus. Nous fûmes aussi marqués de voir ces mouvements se propager en Europe en général et en France en particulier. La mort de George Floyd permit en effet au « Comité Adama » de revenir à la charge.

Quatre ans plus tôt, Adama Traore avait spontanément pris la fuite en voyant son frère se faire arrêter pour « extorsion de fonds avec violence » et avait été poursuivi par des gendarmes. Après une épuisante course-poursuite, il s'était fait interpeller et était finalement mort dans le fourgon qui le conduisait au commissariat. À cause de sa santé fragile et d'un effort excessif sous un soleil caniculaire ? À cause d'une méthode d'interpellation trop violente ? Quatre ans plus tard, sa sœur, Assa Traore, soutenue et encadrée par ce « comité », défendait encore la thèse de l'homicide devant le tribunal médiatique, à défaut d'en convaincre le Parquet. Il ne s'agissait plus ou, du moins, plus uniquement, pour ces militants, de défendre ce qu'ils pensaient être la vérité sur la mort de ce jeune homme mais de mener un combat politique[1]. Ce combat, avions-nous peut-être sincèrement cru d'abord, était une nouvelle affaire Dreyfus. C'est d'ailleurs ainsi que le présentait le comité Adama[2]. Nous avions cru y voir le combat « universaliste » de la justice et de l'antiracisme. L'avait-il jamais été ? Il semblait en tout cas l'être de moins en moins. En juin 2020, on vit ainsi Assa Traore calomnier grossièrement l'État français, notamment devant des enfants, pour resserrer les liens d'une fraternité raciale :

> Le passeport français a été créé pour l'esclave noir. Quand l'esclave noir sortait dans la rue, on avait le droit de

---

1. « "Ça nous dépasse et c'est ce qu'on veut" : comment le comité Adama a réussi une mobilisation surprise contre les violences policières », *Le Monde*, 8 juin 2020.

2. Soirée de lancement du livre *Le Combat Adama*, Geoffroy de Lagasnerie, 4 avril 2019.

l'abattre. Adama Traore sort dans la rue sans sa pièce d'identité, on l'abat. Un de nos frères sort dans la rue, sans sa pièce d'identité, on peut l'abattre. Ce sont des restes coloniaux qui sont là depuis l'esclavage. Et mon frère va mourir de ces restes coloniaux qu'on défend aujourd'hui.[3]

Ses interventions, avant d'être heureusement interdites par le rectorat, avaient même eu lieu dans des lycées de la Seine-Saint-Denis, où la jeune femme prétendait devant les élèves que la justice française, parce qu'elle était raciste, mentait sur la mort de son frère.

Une dernière chose nous marqua, que ce discours séditieux révélait : la très grande libéralité de ces militants prétendument antiracistes avec la vérité historique et la vérité en général. Non seulement Assa Traore inventait de toutes pièces des articles du Code noir mais elle calomniait ouvertement les gendarmes ayant arrêté son frère et l'État français dans son ensemble : quelle que soit l'issue du procès, nous savons en effet depuis le début qu'il ne s'agit en aucun cas de la mort d'un jeune homme noir « abattu » dans la rue pour n'avoir pas eu sur lui ses papiers d'identité. Cette libéralité, nous la vîmes à l'œuvre tout au long de l'année en France mais aussi à l'étranger : des journaux autrefois respectables comme le *New York Times* relayèrent des accusations mensongères contre notre gouvernement, après qu'il eut annoncé sa stratégie de lutte contre le « séparatisme islamiste ».

---

3. « Adama Traoré : la fresque de la discorde », *Le Figaro*, 22 juin 2020.

Les révélations de l'été sur le viol du codétenu d'Adama Traore mirent subitement fin au succès médiatique de sa sœur et les langues se délièrent. Plus tard dans l'année, le président Emmanuel Macron affirma même que des militants politiques utilisaient la dénonciation des violences policières dans le but de fragiliser nos institutions[4].

### L'été 2020 et « l'ensauvagement »

Après les derniers soubresauts de l'affaire médiatique Traore (le vrai procès, lui, dure encore), l'été arriva, au milieu duquel retentit le deuxième coup de tonnerre : une succession inhabituelle de meurtres et de violences gratuits. Ce fut d'abord Mélanie Lemée, gendarme de 26 ans, volontairement percutée par l'automobiliste qu'elle contrôlait. Le lendemain, dimanche 5 juillet, Philippe Monguillot, chauffeur de bus de 58 ans, père de trois enfants, fut tabassé à mort par cinq passagers. Le 19 juillet, la jeune Axelle Dorier, à Lyon, fut tuée, trainée sous une voiture sur 800 mètres[5]. Plus tôt dans la journée, au Blanc-Mesnil, un forcené s'était dirigé vers

---

4. « Entretien exclusif : Emmanuel Macron répond à Brut », Brut, 4 décembre 2020.

5. L'enquête et le procès ne sont pas terminés. Le conducteur avait été mis en examen pour « violences volontaires avec arme ayant entraîné la mort sans intention de la donner ».

une église avec un sabre et un fusil en criant, en arabe, que Dieu était grand, mais avait heureusement été maîtrisé par un automobiliste. Le lendemain, une fillette de treize ans était projetée à treize mètres de la voiture du chauffard qui l'avait percutée avant de prendre la fuite[6].

Il est vrai que cet été était particulièrement meurtrier. Peut-être aussi y étions-nous plus sensibles en raison de l'actualité médiatique de la fin du printemps : si un mort aux États-Unis pouvait monopoliser l'attention des médias français durant des mois, peut-être était-il légitime de nous soucier aussi du sort de nos compatriotes. Ces meurtres, du reste, n'arrivaient pas seuls. D'autres violences parsemèrent cet été 2020, comme la bagarre géante dans le centre de loisir d'Estampes (deux cents jeunes gens) ou les violences quotidiennes subies par les employés du parc Astérix, après qu'une offre promotionnelle eut attiré les bandes des villes d'alentour. « Le parc Astérix est devenu le nouveau Chatelet », avait dit un employé[7]. Ce n'était pas flatteur.

Sur ce sujet aussi, la parole se libéra. Sur les réseaux sociaux, des internautes plutôt de droite relayèrent le mot d'ordre : « On veut les noms ». Et nous les eûmes :

---

6. « Axelle Dorier, Mélanie Lemée, Philippe Monguillot... La France, cette jungle », *Marianne*, 22 juillet 2020.

7. « Bousculades, insultes, bagarre… l'ambiance du Parc Astérix décriée par des visiteurs et salariés », *Le Parisien*, 17 juillet 2020.

Yassine, meurtrier de Mélanie, Mohamed, Mohammed, Moussa et Sélim parmi les meurtriers de Philippe, selon certains médias[8], Youcef et Mohamed, meurtriers d'Axelle. Voilà qui expliquait, jusque-là, notre silence gêné. En 2020, cependant, l'été avait été trop meurtrier et nous ne nous tairions plus. Le nouveau ministre de l'intérieur, Gérald Darmanin, parla « d'ensauvagement ». Martine Aubry, interpelée par une femme à qui des trafiquants de drogue avaient fracassé la mâchoire pour n'avoir pas baissé le regard, demanda au ministre des moyens supplémentaires car « ce [n'était] plus possible, [c'était] l'enfer pour les gens »[9].

Nous découvrions la réalité de l'insécurité, dont nous avions jusque-là pudiquement détourné le regard, pour ne pas nous compromettre avec ce sujet « sulfureux », pour ne pas « faire le jeu de l'extrême droite ». Pendant tout ce temps, d'honnêtes gens avaient subi la loi de groupes criminels et de barbares sans allégeance, qui les intimidaient, les humiliaient et, de temps en temps, les laissaient sur le carreau… mais les choses changeraient : nous ne fermerions plus les yeux.

---

8. Information divulguée par des policiers sur les réseaux sociaux et reprise notamment par *La Dépêche* et *Causeur*.

9. « Agression d'une femme à Lille-Moulins : "C'est l'enfer pour les gens" selon Martine Aubry, qui en appelle à l'État », France 3 Régions, Hauts-de-France, 21 juillet 2020.

## Samuel Paty et l'islamisation

Le printemps nous avait ouvert les yeux sur les dérives et l'instrumentalisation indigénistes[10] de l'antiracisme, l'été sur ce que nous appelâmes « l'ensauvagement »[11] ; arriva l'automne et un troisième coup de tonnerre : l'assassinat de Samuel Paty, qui nous fit prendre conscience de décennies de compromissions avec l'islamisme.

Ce n'était pas le premier attentat, depuis les tueries effroyables de 2015, mais, cette fois-ci, des musulmans « modérés » avaient *objectivement* participé à la mise à mort d'un « blasphémateur ». Quelles qu'aient été leurs raisons, quelle que fût leur responsabilité morale, les faits objectifs s'imposaient : un parent d'élève et sa fille avaient défini la cible en calomniant ce professeur, des internautes musulmans avaient diffusé leur vidéo sur les réseaux

---

10. Nous parlerons ici d'« indigénisme » pour désigner la doctrine du Parti des indigènes de la République, ainsi que des autres courants se fondant sur la « mémoire » de l'esclavage ou de la colonisation et sur la dénonciation d'un supposé « racisme systémique » pour rejeter l'indifférenciation de l'antiracisme universaliste, calomnier la France, les Français et leurs institutions et justifier la haine des blancs (et parfois des Juifs, considérés comme leurs alliés) ou, du moins, de la France et de la civilisation occidentale en général : Ligue de Défense Noir-Africaine, comité Adama Traore, etc.

11. 777 violences gratuites déclarées à la police quotidiennement en France en 2017 (3,24% d'augmentation par rapport à 2016), selon le Dr Maurice Berger (*Sur la violence gratuite en France : Adolescents hyper-violents, témoignages et analyse*, L'Artilleur, 2019).

sociaux en l'agrémentant d'injures, la mosquée de la ville l'avait relayée, lui donnant un crédit supplémentaire, et des élèves avaient désigné le professeur en fin de journée à l'assassin ; celui-ci l'avait poignardé, puis décapité, avant de diffuser la photo de sa tête sur les réseaux sociaux, en commentant :

> Au nom d'Allah, le Tout Miséricordieux, le Très Miséricordieux. D'Abdullah, le Serviteur d'Allah, à Macron, le dirigeant des infidèles. J'ai exécuté un de tes chiens de l'enfer qui a osé rabaisser Muhammad. Calme tes semblables avant qu'on ne vous inflige un dur châtiment.[12]

Peut-être parce qu'il frappait un professeur d'histoire, peut-être parce qu'il était lié à Charlie Hebdo (le professeur avait montré les caricatures de ce journal en classe et l'assassinat avait eu lieu durant le procès des terroristes de 2015), peut-être, enfin, à cause de la participation discrète de nombreux « musulmans modérés », cet attentat libéra la parole au sujet de l'entrisme islamiste dans l'Éducation nationale et de la compromission des responsables administratifs et politiques. Nous ouvrions les yeux sur trois phénomènes : 1. L'utilisation de la lutte contre la prétendue « islamophobie » pour imposer la soumission à la loi islamique, 2. Le continuum entre l'islam « modéré » et « l'islamisme » et 3. La capitulation de l'Éducation

---

12. Les fautes de grammaire, d'orthographe et de syntaxe ont été corrigées.

nationale face à la pression islamiste, suivant l'impératif de « ne pas faire de vagues. »

C'en fut trop. Plusieurs personnalités de gauche clairvoyantes depuis longtemps à ce sujet firent le tour des plateaux de télévision : Caroline Fourest, Richard Malka, avocat de Charlie Hebdo, Amine El Khatmi, président du Printemps Républicain, Pascal Bruckner… Même la Licra, qui, en 2015, avait porté plainte, aux côtés du Comité contre l'islamophobie en France (CCIF), contre la présidente du Front National, Marine Le Pen, pour avoir comparé les musulmans pratiquant la prière de rue à l'armée d'occupation allemande de 1940, condamnait désormais avec la plus grande fermeté la propagande islamiste fondée sur la dénonciation de la prétendue « l'islamophobie » et l'anti-universalisme des idéologues « indigénistes ». La dénonciation de « l'islamogauchisme », compromission idéologique de personnalités de gauche avec l'islamisme, dénonciation qui valait naguère une réputation sulfureuse, devint monnaie courante. Un excellent reportage d'Yves Azéroual[13] consacré à cette tendance, sorti en 2019 et qui devait être diffusé à la télévision, fut mis en ligne gratuitement et précisa les mécanismes de cette compromission.

---

13. Yves Azéroual, *L'islamo-gauchisme, la trahison du rêve Européen*, 2019-2020.

Le président Emmanuel Macron lança une réflexion sur le « séparatisme islamiste » :

C'en était fini de notre aveuglement.

# Chapitre II
# La déception de l'hiver

**Une réaction décevante**

Au printemps, en été et en automne, trois coups de tonnerre nous avaient ainsi réveillés en sursaut et nous avaient bien décidés à ne pas nous rendormir. Par le biais de nos médias et de nos responsables politiques, nous prendrions désormais ces problèmes à bras-le-corps. L'hiver approchant, nous semblions pourtant déjà nous engourdir.

Nos médias, d'abord, ne semblèrent pas avoir changé. Ils avaient, bien sûr, après chaque affaire, parlé de ces problèmes capitaux. Il était désormais presque de bon ton de dénoncer l'indigénisme, la violence gratuite et l'islamogauchisme mais, dans nos réactions à l'actualité, nous avions conservé nos habitudes.

Nous savions, par exemple, depuis les éclaircissements du printemps sur l'affaire Traore, que des militants radicaux et des criminels utilisaient des affaires de « violences policières » douteuses pour discréditer la police, sans aucun souci de la vérité. C'était ce qu'avait fait le collectif Adama Traore. C'était ce que dénoncerait bientôt le président Emmanuel Macron. Nous nous précipitâmes pourtant avec la même imprudence sur « l'affaire » Michel Zecler.

Le jeudi 26 novembre, le site *Loopsider* publia un court reportage sur ce producteur de musique noir, victime d'une interpellation musclée. Ce reportage à charge se voulait, images à l'appui, accablant pour les policiers : une caméra de surveillance avait filmé l'interpellation. Les images ne prouvaient en réalité pas grand-chose en elles-mêmes, les commentaires s'employant à les surinterpréter[1], et il aurait été sage d'attendre les premiers éléments de l'enquête de la police des polices avant

---

1. Les quelques extraits où l'on pouvait voir les policiers frapper le producteur avaient notamment été accolés, donnant l'impression d'un « tabassage en règle » continu, selon l'expression du journaliste, reprise ensuite par la plupart ses confrères. Les commentaires se concentraient sur les coups, sans relever la dangerosité de la situation pour les policiers, coincés dans un espace très réduit et aux prises avec un homme furieux refusant son interpellation et appelant du renfort par la porte de la cave. L'ambiguïté était maintenue entre ce que prouvaient les images et ce qu'affirmait Michel Zecler (notamment l'injure « sale nègre » que ce dernier accusait les policiers d'avoir proférée et que la vidéo, muette, ne faisait bien sûr pas entendre).

d'accabler les agents. Pourtant, plus encore que pour l'affaire Traore, les médias adhérèrent sans attendre à la version de l'avocate du producteur et reprirent unanimement le terme de « tabassage » : l'enquête n'avait pas commencé que nous nous sentions déjà obligés de croire à la culpabilité de la police.

Quelques jours plus tard, nous fîmes preuve d'un même empressement pour dénoncer, à partir d'un événement des plus anodins, le racisme dans le football. Lors d'une rencontre entre le Paris Saint-Germain et l'Istanbul Başakşehir, le quatrième arbitre, roumain, avait interpelé l'arbitre principal pour attribuer un carton rouge à l'entraîneur adjoint du club turc. Pour désigner le fautif, il s'était référé à son signe le plus distinctif, au milieu de joueurs de type turc ou européen : « Lui, là-bas, le noir ! » Noir se disant, en roumain, *negru*, le mot avait ému l'attaquant du club turc, Demba Ba, noir lui aussi, qui avait de façon assez agressive demandé à l'arbitre des explications. Les joueurs avaient fini par mettre un terme à la rencontre, en signe de protestation. Puis ils s'étaient tous disposés en un grand cercle, genou à terre et le poing levé, dans une scène émouvante de communion autour d'une victime sacrificielle, qui avait eu le malheur de parler une langue que les francophones ne maîtrisaient pas. Encore une fois, les médias s'emballèrent et crurent bon de détruire la réputation de ce quatrième arbitre, en l'accusant de « racisme ». Un sommet d'indécence fut atteint sur RTL. En réponse à l'animateur Pascal Praud, qui disait vouloir au moins entendre la défense de cet arbitre, un invité relativement célèbre répondit, sur un ton pédant : « Face au racisme, il m'étonne que vous attendiez. » Le crime était trop grave pour que l'on prît le temps d'en vérifier la réalité : « Cet arbitre roumain est raciste, son propos est raciste, il doit être condamné et banni à vie des terrains de football. »[2]

Les éclaircissements sur l'affaire Traore, après quatre ans de calomnies à l'encontre des gendarmes qui avaient interpellé le jeune homme, semblaient ne rien nous avoir appris de l'intérêt de la présomption d'innocence, dès lors qu'il s'agissait de supposé racisme. Les médias ne furent cependant pas les seuls à nous décevoir : les responsables politiques parurent très vite n'avoir, eux non plus, rien retenu, à commencer par notre Président.

Le vendredi 4 décembre, en effet, Emmanuel Macron accorda au journal en ligne *Brut*, un entretien proprement ahurissant. Alors même qu'il nommait de façon explicite l'instrumentalisation du terme de « violences policières » par des militants politiques ; alors qu'il avait reconnu officiellement, quelques semaines plus tôt, l'hypocrisie de la propagande islamiste dénonçant une islamophobie imaginaire pour imposer aux Français d'incessantes concessions culturelles et législatives et pour

---

2. *Les Auditeurs ont la parole – Le Duel des auditeurs*, RTL, 9 décembre 2020.

désigner des cibles à des assassins ; alors qu'il s'était offusqué, plus tôt dans l'année, des destructions de statues et de la pensée « indigéniste » qui prétendait que la réécriture de l'histoire occidentale était nécessaire à l'intégration des minorités inassimilées ; Emmanuel Macron annonça prévoir d'accorder satisfaction à tous les ennemis qu'il avait identifiés : aux islamistes, par l'apprentissage de l'arabe à l'école ; aux indigénistes, par la construction de statues et l'attribution de noms de rues rendant hommage à « trois à cinq cents personnalités noires et arabes » pour donner des héros aux enfants d'immigrés africains et maghrébins ; aux militants anti-policiers en expliquant, juste après les avoir dénoncées, qu'il adhérait à leurs thèses calomnieuses.[3]

Deux semaines plus tard, le 15 décembre, alors qu'aucun des problèmes mis en lumière au cours de l'année n'était évidemment réglé (en si peu de temps, qui pourrait le lui reprocher ?), le Président annonça vouloir organiser un référendum pour inscrire la défense de

---

3. « Aujourd'hui, quand on a une couleur de peau qui n'est pas blanche, on est beaucoup plus contrôlé. […] On est identifié comme un facteur de problème et c'est insoutenable » avait-il affirmé aux journalistes de *Brut*, position qui affligeait un policier interrogé par le magazine *Le Point* : « On ne choisit pas la délinquance. Il m'arrive de ne contrôler que des Blancs quand je suis missionné sur une opération anti-stups près d'un point de deal : je suis quasi sûr de trouver du shit dans leur poche et je les verbalise. Je suis les directives de notre hiérarchie, qui, elle-même, obéit à la politique du gouvernement. » (« Policiers : "En nous stigmatisant, le Président se met au niveau de Mélenchon" », *Le Point*, Aziz Zemouri, 6 décembre 2020).

l'environnement dans la Constitution. Un référendum n'est pas anodin : il occupe, plusieurs mois durant, la majeure partie des déclarations du gouvernement et des débats publics. La « séquence régalienne » de l'année 2020 n'avait visiblement pas vocation à durer. Devait lui succéder, l'année suivante, une « séquence écologique », qui nous ferait oublier tout cela : nous n'avions rien appris.

### Tout n'était-il pas déjà sous nos yeux ?

N'avions-nous donc pas trop attendu de ces trois « coups de tonnerre » ? Bien sûr, ils révélaient des situations alarmantes mais, à y bien repenser, tout était déjà sous nos yeux avant cette année 2020 et, déjà, nous ne faisions rien.

L'indigénisme, d'abord, dont nous avions semblé découvrir le projet séditieux au printemps, n'était pas une nouveauté, pour qui avait pris la peine de s'y intéresser : « Comment le radicalisme indigéniste gangrène l'Université », avait titré *Le Figaro* en septembre 2018 (Barbara Lefebvre). Nous avions de quoi savoir. Tout cela ne datait d'ailleurs pas de la dernière décennie. L'« Appel des indigènes de la République » avait été diffusé en 2005 et, dès 1991, le journal *Le Monde* avait publié une tribune sur l'influence grandissante des thèses « afro-centristes »[4]. Fondées – du moins officiellement – pour redonner sa visibilité à l'histoire de l'Afrique, elles construisaient en fait un récit totalement fantasmé, dans lequel toutes les grandes réalisations de l'humanité étaient le fait de noirs : les pharaons étaient noirs, Moïse, Jésus, Bouddha étaient noirs, « amen » était un mot africain. Ces thèses farfelues, il était déjà question, dans les mouvements qui les promouvaient, de les proposer aux élèves noirs. La vérité ne comptait pas, pour ces militants. Chaque groupe avait droit à la sienne :

> Pourquoi pas, disent-ils, un programme spécial pour les créoles, les Cambodgiens, les Italiens, etc. ? […] Ainsi, dans l'État de New-York, dans le Nord-Est du pays, après la visite d'une délégation d'Iroquois, le programme scolaire a été modifié pour y inclure cette affirmation que le système politique des Iroquois a influencé la rédaction de la Constitution des États-Unis.[5]

Nous avions toutes les cartes en main pour prévoir le développement du tribalisme et la montée en puissance de ces mouvements séditieux insensibles à la vérité

---

4. Ces thèses pseudo-scientifiques n'étaient déjà pas nouvelles en 1991, puisqu'elles remontent aux années 1950, avec les travaux de Cheikh Anta Diop. Elles connurent un regain d'intérêt dans les années 1990, avec la publication des trois volumes de *Black Athena: The Afroasiatic Roots of Classical Civilization* (Martin Bernal, Rutgers University Press, 1987, 1991, 2006).

5. « L'offensive de l'afrocentrisme "Jésus et Bouddha étaient noirs..." », *Le Monde*, 7 mars 1991.

historique. Pour peu que nous fussions un petit peu attentifs et – peut-être surtout – un petit peu courageux, nous avions sous les yeux, depuis des décennies, tous les signaux plus ou moins faibles qui auraient dû nous alerter. Nous n'avions pas *voulu* les voir.

Concernant l'insécurité, il serait peu dire que nous savions. En 2016, le journaliste Jean Quatremer avait révélé un secret de Polichinelle sur un plateau de la chaîne Arte :

> Le problème de la caractérisation de ces agressions sexuelles, c'est exactement le même problème qu'on a eu en France pendant des années. Moi, je me rappelle, un article, un truc absolument extraordinaire sur une affaire de tournante en banlieue parisienne, et tous les noms avaient été changés – ce qu'on fait régulièrement, parce qu'on n'a pas encore le nom des personnes qui ont pratiqué la tournante, elles n'ont pas encore été identifiées – et c'était tous des Alain, des Frédéric, des Marcel, des Maurice, sauf qu'en réalité, c'était tous des Mohamed, des Ahmed... Et la presse bien-pensante de dire : « Ah, quand même, si on les caractérise... » [...] On ne donne pas [ces détails] pour éviter au populisme de se réveiller.[6]

Nous savions tous.

Ce déni concernant les caractéristiques communes à l'immense majorité des agresseurs n'était pas anodin : des vies étaient détruites, des gens vivaient un cauchemar, ces malheurs étaient bien plus graves qu'une gêne

---

6. Jean Quatremer, *28 Minutes*, Arte, 14 janvier 2016.

passagère sur un plateau télévisé mais nous nous taisions. Nommer la réalité aurait probablement permis de la comprendre et de lui apporter des remèdes, de sauver des vies mais nous nous taisions.

Quant à l'insécurité en elle-même, nous préférions parler de « sentiment », voire – cela nous semble, rétrospectivement, totalement incongru – nous la minimisions en disant : Ce n'est que dans certains quartiers. Comme si la vie des habitants de ces quartiers ne comptait pas. Comme s'il fallait attendre que la barque fût submergée, pour s'inquiéter du trou dans la coque.

Concernant l'islamisme, enfin, l'histoire de nos voisins algériens n'était-elle pas une mise en garde suffisante ? Là-bas aussi, tout n'avait commencé que très doucement, comme l'avait rappelé Boualem Sansal au grand public français dès 2013 :

> Nous les avons accueillis avec sympathie, un brin amusés par leur accoutrement folklorique, leur bigoterie empressée, leurs manières doucereuses et leurs discours pleins de magie et de tonnerre. [...] Quelques années plus tard, nous découvrîmes presque à l'improviste que cet islamisme qui nous paraissait si pauvrement insignifiant s'était répandu dans tout le pays, à travers le réseau de nos mosquées et de nos souks où il dispensait ses prêches et écoulait ses manuels, et avait gagné le cœur des gens, les jeunes notamment, en rupture avec le monde étriqué et sans

horizon que leur promettait le socialisme bureaucratique au pouvoir. »[7]

Puis tout était allé très vite et l'année 1991 inaugura la « décennie noire ». Nous croyions tout de même inopportun de nous inquiéter du port du voile.

Tout le monde, il est vrai, n'est pas tenu de s'intéresser à l'histoire algérienne mais n'avions-nous pas reçu d'autres avertissements ? Et comment y avions-nous réagi ? Le rapport Obin, en 2004, sur l'influence croissante de l'islamise dans l'école française ? Nous l'avions mis au placard. La remarque – pas très fine, il est vrai – de Jean-François Copé, en 2012, sur les pains au chocolat, que des enfants musulmans interdisaient à leurs camarades de manger durant le mois du Ramadan ? Elle se transforma en plaisanterie récurrente :

> Une série de sketchs dans lesquels le « Père Jean-François » revisite les contes traditionnels et les dessins animés en version islamophobe : Cendrillon enlevée « pour intégrer le harem d'un méchant Saoudien », Blanche-Neige « empoisonnée par une sorcière voilée », les Barbapapas changés en « Barbabarbus »... Et toute l'anthologie y passe ! Pas question de lâcher un bon filon.[8]

Désopilant.

---

7. Boualem Sansal, *Gouverner au nom d'Allah*, Gallimard, 2013.

8. « Zlatan, nouveau roi des "Guignols" », *TéléObs*, 27 mars 2013.

Non, vraiment, nous n'avions pas d'excuse. Nous avions tout sous les yeux.

Qu'apportèrent donc de nouveau ces trois coups de tonnerre ? Un réveil brutal, certes, mais nous *apprirent-ils* quelque chose que nous ignorions ?

Non.

Rien.

### Que nous est-il arrivé ?

Cette année 2020 nous ébranla mais ne nous *apprit* rien. Dès lors, pourquoi tirerions-nous cette fois-ci des leçons de ce qui, par le passé, ne nous fit jamais réagir ? Pourquoi ne nous rendormirions-nous pas cet hiver et jusqu'à ce qu'il soit trop tard, après ce réveil en sursaut en pleine nuit ?

Nous retournerons à notre aveuglement volontaire, si nous n'en comprenons pas les causes profondes.

Il est donc urgent de nous poser la question préalable à toute réflexion sur les solutions : Que nous est-il arrivé ?

# Chapitre III
# Les outils du déni

**Faits divers, amalgames : du bon usage des généralités**

Afin de comprendre *pourquoi* nous nous aveuglions, rappelons-nous d'abord les outils de ce déni : *comment* nous nous y prenions. Le principal outil de cet aveuglement volontaire fut ce que nous appellerons de façon générique notre « privilège d'amalgame », qui nous permettait de choisir quels faits divers pouvaient être généralisés et de quels « amalgames » on pouvait user, tout en affectant de condamner de façon inconditionnelle ces deux pratiques. Arrêtons-nous quelques instants sur chacun de ces concepts.

Les *faits divers*, d'abord, furent trop injustement disqualifiés. Nous avions pris l'habitude de juger « populiste » et mensongère ce que nous appelions leur

« instrumentalisation » ou leur « récupération ». Nous les opposons aux *faits de société*, mis en avant par les sociologues. Nous n'avions pas tout à fait tort, sur le principe : utiliser un fait isolé et prétendre qu'il est la preuve de ses préjugés est malhonnête et trompeur. Pourtant, comment pourrait-on ne pas établir de lien entre les deux ? Un fait de société n'est-il pas qu'une accumulation de faits divers semblables ?

Il y a tout simplement un bon et un mauvais usage du fait divers. Il est malheureux de rappeler ce qui sonnera peut-être au lecteur comme des évidences mais, pour bien comprendre notre aveuglement d'alors, il faut garder à l'esprit que ces évidences nous échappaient totalement. Les mauvais usages des faits divers sont clairs : les généraliser sans les vérifier ou, au contraire, les rejeter *a priori*. Quant à leurs bons usages, ils consistent à les considérer ni plus ni moins que pour ce qu'ils sont : des cas tirés du réel. Ces cas permettent, d'une part, de révéler de potentiels faits de société – à vérifier par une étude statistique – et, d'autre part, d'illustrer des données statistiques par des exemples.

Ces deux approches se retrouvent dans le travail des sociologues. Les sujets de recherche, d'abord, peuvent s'inspirer d'idées fondées sur des faits divers, dont le chercheur se donne pour objectif de vérifier la validité. Une fois le sujet choisi, le chercheur doit définir son *objet d'étude*, c'est-à-dire créer une définition stricte de ce qu'il veut étudier, afin de laisser la place la plus réduite possible à la subjectivité dans son travail. Ainsi, un chercheur qui souhaite étudier le phénomène des « violences gratuites » devra apporter à ce concept une définition à la fois précise et fidèle à ce que le sens commun entend par ce terme. S'agit-il des violences non-crapuleuses ? Une agression gratuite suivie d'un vol opportuniste est-elle toujours « gratuite » ? Quel niveau de violence retenir : l'injure, l'intimidation, le premier coup ? Quels faits comptabiliser : les déclarations de victimes, les dépôts de plaintes ou de mains courantes, les faits avérés par des enquêtes ? Enfin, une fois que des données chiffrées ont été dégagées, les faits divers permettent de mettre une réalité imaginable sur l'objet étudié : de quoi parle-t-on, concrètement, quand on parle de violences gratuites ? Ce dernier aspect, parlant à l'imagination, pourrait être négligé ; il est pourtant essentiel. Nous ne pouvons pas penser sans imagination : elle est notre lien avec le réel, qui nous empêche de nous perdre dans une pensée trop désincarnée. Si nous ne nourrissons pas notre imagination d'images fidèles au réel, elle en produit spontanément, qui sont moins pertinentes, voire trompeuses.

Les règles du bon usage des faits divers sont donc tout à fait claires : les accepter tous comme « lanceurs d'alerte » ; rester prudent à leur sujet, tant qu'une analyse plus poussée, notamment statistique, n'a pas confirmé qu'ils étaient représentatifs d'un fait de société ; les utiliser comme illustration, enfin, pour juger de la gravité des faits étudiés statistiquement.

La définition de l'amalgame est légèrement différente de celle de la généralisation des faits divers : alors que la généralisation consiste à établir des vérités générales sur des groupes à partir de *faits* isolés, l'amalgame consiste à partir d'un jugement porté légitimement sur un groupe pour l'étendre injustement à un autre groupe. Ce concept est plus problématique car, contrairement à ce que nous prétendions à l'époque, sa définition ne permet pas d'en faire un critère de jugement et cela pour deux raisons.

Ce critère est d'abord beaucoup trop subjectif : lorsque nous disons « vous faites un amalgame », nous disons en fait : je ne suis pas d'accord avec votre rapprochement. Prenons ici l'exemple d'un restaurateur qui, pour sélectionner des candidats à un poste de pâtissier, ne choisirait que les candidats diplômés en pâtisserie. Un autodidacte pourrait lui objecter que certains pâtissiers sont très bons alors qu'ils n'ont pas de diplôme : « Pas d'amalgame ! ». Peut-être a-t-il raison, peut-être pas. Le débat n'est pas clos : il s'ouvre. La malhonnêteté de cet autodidacte réside justement en ceci qu'il prétend *constater* l'amalgame dans le discours lui-même et non dans sa fidélité à la réalité. Il prétend mettre ainsi fin au débat en énonçant une évidence immédiate. En réalité, qu'un rapprochement soit un amalgame ou non n'est pas de l'ordre du *constat* immédiat mais du *jugement* : un amalgame n'est qu'un rapprochement injustifié. Affirmer : « Il ne faut jamais commettre d'amalgame » revient à dire : « Il ne faut jamais faire de rapprochement injustifié », c'est-à-dire : « Il ne faut jamais se tromper ». La belle affaire ! « Vous vous trompez » permettrait donc de clore un débat ? On comprend que « Pas d'amalgame » ne pouvait pas faire légitimement office, comme nous le prétendions pourtant, de *maxime*, de règle élémentaire de la réflexion politique et du débat public.

La seconde raison pour laquelle la dénonciation des « amalgames » ne peut pas être un critère de jugement est que la pertinence d'un rapprochement ne s'évalue pas *dans l'absolu* mais *relativement à sa finalité pratique*. Reprenons l'exemple de notre restaurateur convaincu que « les autodidactes ne font pas de bons pâtissiers ». Il est bien entendu conscient de porter là un jugement général souffrant sûrement quelques exceptions : il existe probablement quelques excellents pâtissiers autodidactes mais ce n'est pas la règle. La pertinence de son jugement ne s'évaluera qu'à l'usage qu'il en fait. S'il l'utilise pour faire un premier tri parmi une quantité innombrable de candidatures, son rapprochement entre « autodidactes » et « mauvais pâtissiers » sera tout à fait légitime car il sera *utile* : il lui permettra de gagner du temps sans prendre un trop grand risque de réaliser un mauvais recrutement. Si, au contraire, ce restaurateur sélectionnait son pâtissier à l'issue d'un concours de cuisine, il serait absolument ridicule de sa part de se fonder aussi sur le diplôme car il aurait, dans ce contexte, un critère bien plus pertinent : le classement au concours. À plus forte raison, bien évidemment, serait-il insensé de sa part de licencier un pâtissier après dix ans de collaboration fructueuse, parce qu'il aurait soudainement découvert qu'il n'avait pas de diplôme : il saurait que son pâtissier est compétent, le critère du diplôme serait donc inutile. Cela n'enlèverait rien à cette réalité statistique : les pâtissiers diplômés feraient malgré tout, en moyenne, de meilleurs employés mais cela n'aurait pas d'importance, dans ce contexte, pour notre restaurateur. Beaucoup de malentendus nous venaient de cette confusion : nous dénoncions l'usage, par les autres, d'amalgames, car nous ne tenions pas compte de la finalité pratique de leurs rapprochements.

## Le privilège d'amalgame

On comprend donc que l'interdit des amalgames ne pouvait rationnellement constituer une règle élémentaire du débat public car un amalgame est un rapprochement infondé : il ne se *constate* pas ; il se *juge*. Dire que quelqu'un commet un « amalgame », c'est dire qu'il se trompe. Interdire l'amalgame dans le débat public, c'est interdire de se tromper : si nous avions une autorité idéologique capable de décréter qui se trompait, il n'y aurait pas besoin de débats… Nous prétendions pourtant pouvoir distribuer les notes d'infamie sous la forme d'accusations « d'amalgames » et nous le faisions effectivement, livrant à la vindicte médiatique et judiciaire nos opposants politiques. Nous nous vantions de ne jamais en commettre nous-mêmes mais ces quelques explications permettent de comprendre que ce pouvoir de ne jamais se rendre coupable d'amalgame et d'en dénoncer l'usage chez les autres n'était pas une *vertu* mais un *privilège* : le privilège de pouvoir dire, sans le justifier, que nous avions raison et que l'autre avait tort. Nous n'étions pas des pères la morale : nous étions des censeurs.

L'amalgame que nous condamnions le plus et le plus aveuglément était sans doute celui de l'islamisme et de l'islam. Pourtant, nous acceptions des amalgames encore plus larges. Dire que « l'islamisme » était violent, nous l'acceptions. Si l'on élargissait le périmètre, pour dire que l'islam était violent, c'était alors à nos yeux un amalgame injuste : trop large, infondé, « islamophobe ». En revanche, si l'on reculait encore d'un pas et dénonçait la violence *des religions*, cet amalgame encore plus grossier était, lui, tout à fait accepté, voire valorisé.

À l'inverse, dans le cas des rarissimes attentats, réels ou imaginaires, commis par des non-musulmans, nous n'avions aucune gêne à mettre en cause « l'extrême droite » dans son ensemble et dans l'acception du terme la plus large possible. Ainsi, lorsque, en 2018, un attentat avait été commis contre les mosquées de Christchurch en Nouvelle-Zélande – c'est-à-dire exactement à l'autre bout du monde –, cet acte était immédiatement devenu, et pour longtemps, le symbole de la violence de l'extrême droite dans le monde et en France. De même, en 2012, alors que le terroriste Mohamed Merah était encore recherché et que la piste néo-nazie était privilégiée, le candidat du Modem n'avait pas hésité, non seulement à dénoncer l'extrême droite, mais à accuser le candidat de l'UMP, Nicolas Sarkozy d'en être indirectement responsable :

> « Monter les uns contre les autres, même artificiellement, même électoralement, c'est faire flamber ce genre de passions. [...] On lance des sujets, des mots, ils roulent comme des avalanches et, quelquefois, tombent sur des fous ». [...] M. Bayrou a précisé à la presse avoir songé, en parlant, à un précédent discours de Grenoble : celui par lequel M. Sarkozy, le 30 juin 2010, avait suscité une vive polémique en liant immigration et délinquance.[1]

Nous n'avions jamais vraiment tenu rigueur à M. Bayrou de cette calomnie grossière.

De même, concernant les faits divers, nous refusions systématiquement d'accorder la moindre attention aux innombrables délits et crimes impliquant des agresseurs majoritairement noirs et maghrébins ou aux cas insupportables d'intolérance religieuse de la part de musulmans. Nous nous efforcions de les considérer chacun comme un fait isolé. Il ne se serait pas nécessairement agi de les considérer immédiatement comme des faits de sociétés mais de les prendre au sérieux et de lancer des enquêtes statistiques sans tabou à leur

---

1. « Le contre-"discours de Grenoble" de François Bayrou », *Le Monde*, 20 mars 2012.

sujet. À l'inverse, lors de la mort de George Floyd aux États-Unis, non seulement nous avions immédiatement affirmé qu'il s'agissait bien d'une bavure, alors qu'aucune enquête n'avait encore été menée[2], mais nous en avions parlé tout naturellement comme d'un fait parfaitement représentatif des violences policières racistes aux États-Unis, ce que ne faisaient pas apparaître les données statistiques disponibles[3]. Le comité Adama poussa l'audace un cran plus loin, en la prétendant représentative des « violences policières » innombrables… en France ! Alors que la généralisation, voire la simple considération des innombrables cas d'agression gratuite impliquant des immigrés nous paraissait suspecte, nous avions sauté sans attendre, avec la mort de George Floyd, du fait divers au fait de société : le doute, ici, n'était plus permis.

Nous prétendions ainsi rejeter tout fait divers et tout amalgame et nous plier, ce faisant, à un principe moral inconditionnel. En réalité, nous exercions notre « privilège

---

2. « Les images sont absolument choquantes. Mais pour l'instant, nous n'avons aucune preuve que le racisme a été un facteur dans cette affaire, encore moins qu'il s'agit d'un problème à l'échelle nationale. Parmi les éléments dont on parle peu dans cette histoire, il y a le fait que Floyd et Derek Chauvin, l'officier qui l'a tué, se seraient assez bien connus, ayant travaillé ensemble pour la sécurité dans le même petit club de nuit latino-américain. », expliquait Christopher Caldwell au Figaro Vox, le 24 juin 2020.

3. Voir à ce sujet, Matthew Blackwell (traduction de Peggy Sastre) « Racisme policier aux États-Unis : pourquoi un tel écart entre le ressenti et les chiffres ? » *Le Point*, 27 septembre 2020.

d'amalgame », qui nous permettait d'outrepasser les règles élémentaires des statistiques et de la logique pour sélectionner des généralisations selon des critères idéologiques. Voyons maintenant quels étaient ces critères.

### Pertinence politique et pertinence statistique

À bien y réfléchir, donc, qu'il s'agît des « amalgames » ou de la généralisation des faits divers, il faut admettre que nous ne nous souciions guère de la vérité. Notre rigorisme inconséquent n'était pas dû au souci de la pertinence *statistique* ou *logique* mais à celui de la pertinence *politique* : nous niions des évidences qui nous semblaient *politiquement* dangereuses et défendions avec aplomb des généralités infondées mais qui nous paraissaient *politiquement* pertinentes.

Pour notre défense, ce travers n'a jamais été tout à fait l'apanage des belles âmes antiracistes que l'on pourrait nous accuser d'être mais ressemble à un biais cognitif bien connu : le *biais de confirmation*. Qu'il soit de droite ou de gauche, qu'il s'exprime sur des sujets politiques ou dans tout autre domaine, l'homme a naturellement tendance à accorder une plus grande attention et un plus grand crédit aux preuves qui confirment ses *a priori*. Deux choses étaient néanmoins différentes, alors : notre privilège d'amalgame et notre curieuse propension confirmer des *a priori que nous savions faux*.

Notre privilège, tout d'abord, nous rendait impossible toute remise en question. Sur tout autre sujet, le biais de confirmation est souvent corrigé à la première interaction sociale, lorsque notre déni se heurte à la réalité d'une contradiction : « Tu es de mauvaise foi ». On se fâche, on s'obstine, puis, rentré chez soi, on se rend finalement à l'évidence. Du moins, on adapte ses idées ou ses arguments : on sort grandi de l'échange. Nous arrivions, nous, à échapper toujours à cette confrontation par ce privilège exorbitant nous permettant de répondre à des arguments *factuels* par des objections *morales*. Objecter : « Comment peux-tu dire une chose pareille ? » suffisait la plupart du temps. Sans doute parce que nous impressionnions nos interlocuteurs par notre droiture morale. Peut-être aussi, de façon plus marginale, parce qu'ils comprenaient alors que la mort sociale les guettait.

L'autre différence, disions-nous, était plus étonnante : contrairement au biais de confirmation ordinaire, le nôtre nous incitait à ne retenir que les preuves de thèses qu'au fond de nous, nous savions fausses. À l'inverse, concernant les réalités qui nous dérangeaient, il semble que nous mettions d'autant plus de hargne à les nier qu'elles nous paraissaient incontestables, parce qu'*elles nous faisaient peur*. Jean Quatremer, disions-nous plus haut, l'avait raconté : les journalistes modifiaient les prénoms, dans les faits divers, pour que les citoyens n'en arrivent pas à de mauvaises conclusions, mais nous-mêmes, dans nos interactions quotidiennes, ne sentions-nous pas comme le poids d'un interdit moral au moment d'énoncer ces vérités tabou ? Un interdit *moral* nous incitait à nous forcer nous-mêmes à ne plus voir ce que nous voyions. Si nous sommes encore capables de nous en étonner, peut-être ne sommes-nous pas totalement perdus.

Cet interdit était fondé sur la *pertinence politique* de l'expression de certaines généralités. Nous déterminions cette pertinence par l'arbitrage suivant. Tout énoncé de vérité générale concernant un groupe a deux effets : il permet de mettre en lumière des corrélations potentiellement utiles mais il stigmatise ce groupe. Ainsi, l'affirmation « les candidats diplômés font de meilleurs pâtissiers » permet par exemple de présélectionner efficacement des candidats sur leur dossier mais stigmatise les candidats sans diplôme, qui se voient systématiquement recalés par les restaurants avant d'avoir pu faire leurs preuves et certains excellents éléments sont peut-être éliminés injustement. Notre déni se fondait en grande partie sur cet arbitrage : nous refusions les vérités dont les bénéfices nous semblaient moins importants que les dommages.

Ainsi, nous refusions d'évoquer la multiplication des violences gratuites, parce que le bénéfice (lutter contre l'insécurité) nous semblait trop faible par rapport au dommage (stigmatiser les noirs et les Maghrébins). En revanche, lorsque, en 2016, à la Saint-Sylvestre, des dizaines de jeunes femmes allemandes avaient été agressées sexuellement par des demandeurs d'asile et des clandestins, nous avions été gênés, bien sûr, mais la lutte féministe nous avait semblé une cause assez importante pour prendre le risque de stigmatiser les « migrants ». Prétendre que la police était raciste était tout aussi stigmatisant pour les policiers que de dire que les agresseurs étaient majoritairement maghrébins l'était pour les Maghrébins. Pourtant, nous affirmions plus volontiers la première généralité car l'enjeu (lutter contre le racisme) nous semblait si important qu'il rendait négligeable le dommage : la stigmatisation des policiers dans leur ensemble et la fragilisation d'une institution.

Ce n'est donc pas une mauvaise maîtrise de l'analyse statistique ou des règles élémentaires de la logique, qui peut expliquer l'aveuglement qui nous mena au désastre de 2020, mais notre façon d'arbitrer entre ces différents enjeux. Nous nous étions volontairement aveuglés jusqu'aux trois « coups de tonnerre » parce que, dans nos arbitrages, rien ne pesait face au racisme – ou plutôt : face à l'infinie variété d'éléments que nous regroupions sous le nom générique terrifiant de « racisme ». Si nous voulons comprendre nos erreurs, il nous faut donc nous pencher sur ces *impondérables* dont la présence ne pesait guère, face à cet imposant tabou du « racisme », *sur l'autre plateau de la balance.*

# Deuxième partie
## Le plateau vide de la balance

–

## Les causes idéologiques du déni

*Nous étions aveugles à la montée du racisme indigéniste, de la violence gratuite et du totalitarisme islamique, tout en nous convainquant à chaque instant que l'humanité n'avait jamais été aussi soucieuse de la tolérance, attentive au sort des déshérités et attachée aux libertés civiles. Nous étions aveugles, parce que rien ne pesait dans la balance, face au « racisme », que nous croyions combattre.*

# Chapitre IV

# Le malheur des sans-étiquette

**Notre mépris des personnes**

Si le coup de tonnerre de l'été 2020 fut pour nous si traumatisant, ce n'est pas parce qu'il nous révéla une réalité cachée : nous savions tout. C'est parce qu'il nous fit honte. « Regarde ce que tu as laissé faire ! », nous disait-il, en nous mettant sous les yeux la mort de Mélanie Lemée, Philippe Monguillot, Axelle Dorier…

Comme nous le disions plus tôt, la lecture des faits divers, si elle ne remplace pas l'analyse statistique, la complète en aidant à imaginer le plus justement possible la réalité qui se cache derrière les chiffres. Le Dr Maurice Berger avait donc décidé, en 2019, de conclure son livre sur la violence gratuite par le récit des conséquences humaines d'une agression :

Au centre de réadaptation fonctionnelle, je reçois M. B., 50 ans, car le médecin rééducateur l'a trouvé très angoissé au cours de sa consultation. Cet homme lui a parlé des nombreux cauchemars qu'il fait concernant l'agression qu'il a subie un an auparavant. Un dimanche, à 17 heures, il sortait de chez ses parents, qui habitent dans une petite ville de province, et s'approchait tranquillement de la gare lorsque trois garçons et deux filles l'ont attaqué, d'abord par-derrière en lui assénant des coups sur la tête puis en lui cassant une côte, mais, comme il résistait, ils lui ont fracturé le péroné et la cheville puis l'ont frappé au sol. Violence gratuite ? Non, pas tout à fait, M. B. a été délesté des 60 euros qu'il avait sur lui, puis il a rampé pour trouver du secours. Il présente maintenant une algodystrophie au niveau de la cheville, maladie chronique très douloureuse que les médecins rééducateurs ne sont pas certains de pouvoir améliorer. Il doit marcher avec des cannes et n'a pas revu ses parents depuis un an, car il ne peut pas monter les marches menant à leur appartement et ses parents âgés ne peuvent pas les descendre. Il doit se contenter de leur téléphoner tous les soirs. Il m'explique que, depuis l'agression, il a peur de s'éloigner de son immeuble, sursaute dès qu'il y a du bruit dans la rue, est inquiet pendant qu'il fait son marché et se retourne alors sans arrêt, fait un détour pour éviter une rue habitée par des personnes de la même origine qu'un de ses agresseurs, dont il a aperçu le visage. Il ne pourra plus effectuer son travail, artistique, qui nécessite de monter sur un échafaudage et se demande comment il va s'orienter professionnellement. Je cite cette histoire car elle est d'une banalité quotidienne.[1]

Cette banalité quotidienne, l'agression de Philippe Monguillot nous la mit devant les yeux, comme nous le rappela témoignage de sa veuve, Véronique :

À 20h12, je reçois un coup de fil d'un ami, d'un collègue de Philippe [...] On est partis à l'hôpital et...voilà. [...] Ce que j'ai vu, c'était lui mais avec un visage monstrueux. Il avait tout ce côté qui avait doublé, bleu, noir, la bouche ouverte, des tubes partout. J'ai dit : Ce n'est pas possible que ce soit lui... mais c'était lui. Mes filles ont vu leur papa dans cet état. [...] Mon état d'esprit est... d'une tristesse inimaginable. Dimanche matin, on s'était levés à six heures et demi pour faire les vitres de la maison, puis il m'avait embrassée et m'avait dit : « À ce soir »... mais il n'est pas revenu. [...] On est détruits. [...] J'aurais tout fait pour qu'il s'en sorte. On est tellement impuissant face à ça. [...] Ce qui est arrivé, c'est inimaginable. On avait plein de projets, il était à un an de la retraite mais il ne va rien faire. [...] Les personnes – si je peux appeler ça des personnes –, les « inhumains » qui se sont acharnés sur lui, qui l'ont massacré, qui l'ont foudroyé, qui l'ont fait souffrir d'une puissance phénoménale... Je voudrais que la justice m'écoute.[2]

---

[1] Dr Maurice Berger, *Sur la violence gratuite en France : Adolescents hyper-violents, témoignages et analyse*, L'Artilleur, 2019.

2. Véronique Monguillot, interrogée par *Yahoo Actualités*, 9 juillet 2020.

Une exception ? Ce n'est pas ce que nous dit, le 18 juillet, la femme, professeur de chant, dont nous découvrions le visage déformé par une double fracture de la mâchoire et la voix chevrotante :

Je suis à l'hôpital. Hier soir, je me suis fait taper, agresser par un *dealer*, parce que j'ai haussé le ton, suite à des provocations, en fin de journée, quand je suis rentrée chez moi. J'ai la mâchoire cassée en deux, à deux endroits. Je vais avoir des plaques dans la mâchoire et je ne pourrai pas chanter pendant... quelques temps. J'ai envie de lancer un appel aux pouvoirs publics. Martine Aubry, est-ce que vous pourriez prendre la mesure de la gravité de la situation dans les quartiers de Lille-Moulins, depuis la porte d'Arras, jusqu'à la porte de Valenciennes, en passant par la porte de Douai. C'est là que j'habite. Martine Aubry, Madame le Maire, êtes-vous capable, en mesure de prendre des décisions importantes au regard de ces quartiers. Je voudrais aussi lancer un appel à la préfecture de police : je vis dans une zone de non-droit. C'est-à-dire une zone dans laquelle une mafia gouverne, décide, agit, insulte, salit, provoque, harcèle au quotidien. Je demande à la préfecture de prendre des mesures pour que le quartier des Moulins soit sous surveillance perpétuelle. Venir une fois par jour, deux fois par jour avec la police amuse les *dealers*. Ça leur donne des sujets de conversation. Je les entends : « les bleus » et chacun y va de son exploit pour raconter son expérience avec « les bleus », la BAC, la « B2R » [Brigade de Reconquête Républicaine] ou peu importe. Je lance aussi un appel aux citoyens de ces quartiers. J'aimerais que, peut-être, on arrive à trouver un moyen de s'unir pour dire comme c'est difficile, insupportable, inadmissible. Personne n'a le droit d'agir sans respecter l'autre. Voilà. Mon été ne va pas tout à fait ressembler à ce qui était prévu. Je suis en colère et triste et j'ai mal à la mâchoire. Je suis un petit peu… fâchée. J'espère que les autorités compétentes vont réagir et que je serai la dernière victime de ce fléau. [3]

Jusqu'au coup de tonnerre de l'été 2020, nous avions un bon mot pour désigner les gens qui accordaient de l'importance à ces souffrances, une rime amusante et qui nous enchantait : « la France rance ». Nous étions fiers de notre égoïsme, que nous trouvions *noble*.

### La souffrance labellisée

Philippe Monguillot et sa veuve Véronique, ce cinquantenaire qui ne peut plus visiter ses vieux parents ni se défaire de ses cauchemars, cette femme à la mâchoire fracturée, qui ne peut plus chanter, ne pesaient pas dans la balance, face à un combat qui nous semblait l'emporter *en noblesse* sur tout le reste : l'antiracisme. Ce qui ne relevait pas de ce combat ne nous importait pas.

Nous aimions à penser que nous nous faisions les défenseurs des plus faibles et que cela expliquait notre intérêt exclusif pour les « minorités » mais avions-nous réagi, lors de la mort du jeune Aman, tué par balle à 16 ans le 6 juin de cette même année 2020 ? Très peu. Pas une

---

3. « Agression d'une femme à Lille-Moulins : "C'est l'enfer pour les gens" selon Martine Aubry, qui en appelle à l'État », France 3 Régions, Hauts-de-France, 21 juillet 2020.

tribune, pas une manifestation nationale, pas une déclaration officielle de l'Intérieur. Il aurait pourtant correspondu à tous nos critères : habitant de la Seine-Saint-Denis, noir et même totalement innocent. Cela ne suffisait pas à l'obtention du « label » qui sanctionnait les nobles causes. Pour son malheur comme celui des autres victimes qui continueraient de souffrir notre dédain, il n'avait pas été tué par des policiers ou des racistes blancs mais avait été la victime collatérale d'une opération de représailles sur fond de rivalités entre bandes criminelles. Pour les dégradations que d'autres avaient infligées à une voiture, le jeune garçon avait reçu, dans le buste et le front, des tirs de fusil à canon scié.[4]

Nous réservions en effet notre compassion, non pas uniquement à un type de victime (les minorités) mais à un type de drame : ceux qui entraient dans notre vieux schéma dominants/dominés, oppresseurs/opprimés. Ce qui ne s'y insérait pas était par nature un fait divers isolé et ne pouvait pas être concerné par la réflexion politique et sociologique. Nous croyions même que nous faisions alors preuve *d'esprit scientifique,* que nous faisions de la sociologie et que la sociologie consistait à ne tenir compte

---

4. Ce drame exceptionnellement grave était néanmoins significatif d'une situation plus générale : « "Ça fait vingt ans que ça dure, explique [son professeur principal]. Les rivalités ont ressurgi l'année dernière. J'ai retrouvé un de mes élèves roué de coups, la tête dans le caniveau." Certains jours, il lui arrive de raccompagner des élèves menacés jusqu'à leur domicile. » (« Aman, "l'enfant sage" des quartiers, tué par un tir aveugle », *Le Point*, 26 juin 2020.)

que des faits entrant dans ces schémas préétablis. Le reste était de la démagogie, une curiosité sordide pour les faits divers extrêmes, de l'instrumentalisation. Ainsi, le lendemain de la mort effroyable d'Axelle Dorier, le journal *Le Monde*, ne laissant pas son émotion troubler son sens aigu des proportions, avait cru bon de publier un article sur le problème « ravageur » – établi par « les chercheurs » – des micro-agressions racistes, dont il donnait à ses lecteurs quelques exemples insoutenables : *« Vous venez de quel pays ? », « Tu dois aimer quand il fait chaud ! », « Comme vous parlez bien français ! »*[5].

Un même fait divers ou une même tendance pouvaient ainsi être, à nos yeux, intéressants ou négligeables, selon qu'ils nous étaient présentés avec ou sans ce label. Jusqu'aux années 2000, il nous aurait par exemple semblé superflu de nous intéresser au sort des obèses. Depuis que le terme « grossophobie » existait, leur défense était noble. De même, le terme « handiphobie » anoblissait la défense des handicapés. En 2019, la révélation, par une ancienne victime, des méfaits de la « Ligue du LOL » avait particulièrement bien illustré ce « biais de labellisation ». Dans ce groupe de harceleurs, on trouvait des hommes et des femmes. Parmi les victimes : des femmes, des Maghrébins, des homosexuels, des Juifs,

---

5. « Comment les microagressions instillent en France un racisme inconscient, mais ravageur », *Le Monde*, 20 juillet 2020.

des obèses… mais également des étudiants « sans étiquette », des hommes blancs hétérosexuels, minces et valides comme Cyprien Iov ou Matthias Jambon-Puillet. Pourtant, nous avions parlé de harcèlement sexiste, raciste, homophobe, antisémite, grossophobe… comme si parler de « méchanceté » ne suffisait pas. Or c'est bien de cela qu'il s'agissait : de cruauté, d'instinct grégaire et d'angoisse paralysante pour les victimes. Mais la méchanceté ne nous dérangeait pas. La douleur ne nous émouvait pas. Seule nous mettait en branle l'étiquette que nous pouvions y accoler.

Il nous semblait enfin que seules les souffrances pouvant être désignées par un terme « sociologique » étaient dignes d'intérêt. Peut-être parce qu'il était alors possible de les étudier plus rigoureusement, de mettre des chiffres dessus, même si nous ne les mettions jamais. Les « discriminations » nous offusquaient, les inégalités de « capital social » nous étaient insupportables mais la *déréliction*, le sentiment de dépossession d'un homme né dans une ville qu'il ne reconnait plus, le sentiment d'exil dans un *chez soi* qui vous est devenu étranger, l'angoisse d'une vie entourée de la laideur dégradante des graffitis dont ceux qui ne les subissent pas vous vantent les mérites esthétiques : toutes ces souffrances nous laissaient indifférents. Certains chercheurs s'étaient pourtant intéressés à ceux de ces *impondérables* qui pouvaient trouver une traduction sociologique dans des travaux de toutes sortes, comme la bouleversante monographie de

Nicolas Renahy[6], montrant notamment l'importance du « capital d'autochtonie » dans la socialisation des ouvriers ruraux d'un village de Bourgogne, les efforts de conceptualisation de Jean-Noël Retière[7] sur cette notion[8] ou encore les études statistiques de Robert Putnam[9] sur l'effet de l'immigration sur la solidarité inter- et intra-communautaire mais lisions-nous vraiment de tels ouvrages ? Était-il, de toute manière, normal d'en avoir besoin pour être attentifs au malheur des autres ? Attendions-nous la bénédiction d'un universitaire, pour raviver notre compassion et nous imaginer ce que recouvre de désespoir et d'humiliation l'euphémistique « sentiment d'insécurité » que répand l'occupation de sa ville par une

---

6. Nicolas Renahy, *Les Gars du coin. Enquête sur une jeunesse rurale*, La Découverte, 2010.

7. Jean-Noël Retière, « Autour de l'autochtonie, Réflexions sur la notion de capital social populaire », *Politix*, vol. 16, n°63, Troisième trimestre 2003.

8. Notons toutefois que, si Nicolas Renahy et Jean-Noël Retière ont travaillé sur l'importance du « capital d'autochtonie » dans le monde ouvrier, leurs travaux n'évoquent aucunement les conséquences de l'immigration sur l'obsolescence de ce capital. Christophe Guilluy le fait cependant dans son livre *Fractures Françaises* (Flammarion, 2010).

9. « Le célèbre chercheur a néanmoins mis en évidence un tout nouveau résultat bien plus troublant encore : plus le niveau d'immigration est élevé dans une société donnée, plus faible est la confiance non seulement entre les groupes, mais au sein même de ces groupes. Un niveau d'immigration élevé est corrélé à un niveau de confiance mutuelle abaissé parmi les autochtones de la société considérée. » explique Paul Collier à son propos, dans *Exodus, immigration et multiculturalisme au XXIe siècle* (L'Artilleur, 2019).

organisation criminelle étrangère qui vous signifie chaque jour, par des rodéos, que la police a déserté ce territoire qui est désormais le sien et qu'elle ne vous tolèrera, cette organisation, que si vous vous soumettez à ses lois ? Alors que nous nous croyions altruistes comme personne ne l'avait jamais été, nos œillères idéologiques nous avaient transformés en monstres froids d'inhumanité.

### Une obsession contre-productive

Cette grille de lecture extrêmement réductrice nous rendait donc aveugles à d'innombrables souffrances mais nous permit-elle au moins de servir efficacement le « vivre ensemble » qui nous obsédait ? Nous comprîmes, en 2020, que non : bien au contraire. Elle faussait le diagnostic de problèmes que nous ne pouvions donc pas résoudre, elle favorisait le repli communautaire et légitimait potentiellement une action publique inutilement liberticide.

Nos diagnostics étaient faussés de trois manières par notre grille de lecture : nous négligions le malheur des personnes inéligibles à notre label, nous négligions les malheurs des personnes éligibles qui n'étaient pas imputables à des « dominants » et nous construisions une vision du monde simpliste, qui nous empêchait de comprendre la complexité des problèmes qui traversaient notre société. Notre grille de lecture nous rendait aveugles, d'abord, à tous les problèmes vécus par les populations inéligibles à notre label. Des décennies durant, leur silence nous donna à penser que notre approche était la bonne, puis éclata la colère des gilets jaunes, qui nous rappela que les hommes n'étaient pas de la poussière que l'on cache sous un tapis. Les personnes appartenant à des groupes labellisés n'étaient pas toujours mieux loties : toutes leurs souffrances nous étaient indifférentes, pour peu qu'elles ne fussent pas causées par un groupe « dominant ». Étonnement, une mafia demeurait à nos yeux un groupe dominé (la criminalité n'était-elle pas d'abord la faute de la société ?) et la mort du jeune Aman nous était donc invisible. Les habitants des quartiers « difficiles » vivaient peut-être tout autant dans la peur, qu'ils soient blancs, asiatiques, noirs ou maghrébins mais cette peur ne nous intéressait pas. Des parents voyaient leurs enfants happés par la délinquance et avaient parfois bien du mal à les convaincre de travailler à l'école, quand ils pouvaient déjà gagner leur vie en faisant le guet pour des trafiquants, mais nous nous en moquions. Et que dire de ceux dont les enfants se laissaient convaincre par des islamistes ? Certains étaient franchement blâmables, il est vrai, mais pas tous. Enfin, cet effacement de certaines souffrances créait l'illusion d'un monde binaire, où des groupes uniformément coupables en harcelaient d'autres uniformément immaculés. Comment comprendre les rapports problématiques d'une partie de la population des quartiers « difficiles » avec la police, alors que nous fermions les yeux sur la souffrance d'hommes qui avaient consacré leur vie à la défense de leurs compatriotes et qui étaient tous les jours insultés sur le terrain et accablés par les médias ? Comment comprendre la sur-délinquance maghrébine et africaine, si l'on s'interdisait de réfléchir aux causes endogènes aux familles, parce qu'elles ne permettaient pas d'accuser « la société », les Français ou l'État ? Comment, sous le règne du mensonge, aider ces familles et sauver au moins certains de leurs enfants ?

(Ajoutons que, en nous interdisant de réfléchir à ces causes endogènes, nous avions rendu nécessaire le développement des théories du racisme systémique sur lesquelles reposeraient les mouvements wokes et indigénistes. Toute cause endogène étant tabou, la seule explication autorisée des inégalités était donc la cause exogène : le racisme. Celui-ci devint ainsi « l'asile de l'ignorance » expliquant tous les phénomènes que nous nous interdisions de comprendre. Notre antiracisme universaliste se trouve ainsi à l'origine de la naissance de cette idée mensongère d'un « racisme systémique », que nous dénonçons aujourd'hui : elle seule pouvait expliquer la réalité sans briser les tabous que nous avions fabriqués.)

Les conséquences de cette obsession antiraciste ne se limitaient pas à une distorsion du diagnostic : parce que, par le truchement des médias, elle déformait la perception des problèmes par la société, elle incitait au communautarisme de deux manières. D'une part, l'identification à une communauté perçue comme opprimée donnait droit à une considération particulière :

comment en vouloir aux membres objectifs d'un groupe de mettre en avant leur appartenance par laquelle, seule, nous leur accordions un intérêt ? Et comment, nous-mêmes, avoir l'audace de nous émouvoir de la « montée des communautarismes », alors que nous ne reconnaissions de dignité qu'aux communautés et jamais aux individus ? D'autre part, en créant l'illusion d'une oppression unilatérale de groupes uniformément coupables envers des groupes absolument victimes, nous incitions les membres des minorités à la haine envers leurs prétendus bourreaux. Cette incitation « antiraciste » à la haine était d'autant plus grave, qu'elle s'adressait à des populations particulièrement enclines à l'auto-victimisation[10]. Il est probable qu'elle a joué un rôle important dans la montée de l'indigénisme, des violences gratuites et de l'islamisme, comme nous le rappela l'assassinat de Samuel Paty, d'abord visé par une large campagne de calomnie l'accusant d'islamophobie.

Enfin, en faisant oublier toute attention sincèrement compatissante aux *personnes* au profit des seuls groupes d'appartenance et de certains types de rapports prédéfinis entre groupes, notre obsession nous fit perdre tout sens des priorités et nous incita à pénaliser la réflexion. L'audace d'un député centriste offrit, en 2020,

---

10. Voir par exemple, à ce sujet, Akram Belkaïd, « Vous avez dit complot ? Une obsession dans le monde arabe », *Le Monde Diplomatique*, juin 2015.

une illustration de cette tendance inquiétante. Après la mort de Mélanie Lemée, Philippe Monguillot et Axelle Dorier durant l'été, l'expression « ensauvagement » avait été officialisée par le ministre de l'Intérieur, Gérald Darmanin, pour adapter le vocabulaire à la gravité du problème : il y avait mort d'homme. Le député Vincent Ledoux reprit cette expression à une occasion infiniment plus anodine : quatre membres du groupe « Génération identitaire » avaient tenu trois pancartes critiquant une déclaration du député Sira Sylla en ces termes :

> 1. Votre députée déclare que « Nous avons besoin d'une réponse à très court terme contre les conséquences économiques du Covid-19 et la baisse des transferts d'argent vers l'Afrique que la pandémie a entraînée. »

> 2. Aidez les Français, pas les Africains.

> 3. Pour aider l'Afrique : moins de défiscalisations, plus de remigration.

On peut bien sûr discuter de la pertinence de leur critique mais affirmer que cette action militante était comparable à des meurtres sauvages était de toute évidence exagéré et parfaitement indécent. C'est pourtant ce qu'avait fait Vincent Ledoux, en déclarant :

> Génération Identitaire est complètement dans cet ensauvagement qu'il faut combattre, dénoncer et auquel il faut mettre fin absolument.[11]

---

11. BFMTV, 25 juillet 2020.

Sira Sylla avait renchéri, en précisant :

Ces gens-là, il faut les combattre, parce qu'ils sont hors des lois de la République.[12]

La mort de leurs concitoyens leur permettait ainsi, à la faveur d'un glissement sémantique soudain, de criminaliser une opposition démocratique. Parce qu'il était possible de coller l'étiquette « racisme » sur la minuscule manifestation de ces militants, nous trouvions légitime de l'assimiler à des meurtres gratuits.

Tel était donc le premier poids sans masse sur le plateau vide de la balance : les *personnes*, qui ne valaient rien à nos yeux face aux *groupes* et dont aucune souffrance ne dépassait en horreur l'expression la plus anodine de quelque sentiment que l'on parvînt à qualifier de « raciste ». Elles n'y étaient pas seules : s'y trouvait aussi tout l'ensemble des équilibres sociaux que nous nous faisions une fierté d'ignorer et dont la destruction nous mènerait aux désastres que révéla l'année 2020. Voyons maintenant quels aveuglements nous conduisirent à minimiser l'importance de ces équilibres et, par conséquent, la gravité des dangers pesant sur notre société.

--------

12. France 3 Normandie, 25 juillet 2020.

# Chapitre V
# Nous autres, civilisations…



**Sourds aux leçons de l'histoire**

Le 11 novembre 2018, comme nous le faisions souvent, le président Emmanuel Macron avait appelé les Français à tirer les leçons de l'histoire :

> Dès 1918, nos prédécesseurs ont tenté de bâtir la paix, ils ont imaginé les premières coopérations internationales, ils ont démantelé les empires, reconnu nombre de nations et redessiné les frontières ; ils ont même rêvé alors d'une Europe politique. Mais l'humiliation, l'esprit de revanche, la crise économique et morale ont nourri la montée des nationalismes et des totalitarismes. La guerre, de nouveau, vingt ans plus tard, est venue ravager les chemins de la paix.
>
> […] Je le sais, les démons anciens resurgissent, prêts à accomplir leur œuvre de chaos et de mort. Des idéologies nouvelles manipulent des religions, prônent un

obscurantisme contagieux. L'histoire menace parfois de reprendre son cours tragique et de compromettre notre héritage de paix, que nous croyions avoir définitivement scellé du sang de nos ancêtres.[1]

Ce discours résumait à lui seul notre incapacité à tirer de l'histoire le moindre enseignement. En 1919, le traité de Versailles avait été une faute géopolitique majeure, créant toutes les conditions d'un nouvel embrasement de l'Europe : le maintien de l'unité politique d'une Allemagne surpeuplée et rancunière, l'octroi de ses territoires orientaux à la Pologne et la Tchécoslovaquie, trop faibles pour les défendre, etc. Le journaliste spécialiste de politique étrangère Jacques Bainville, dans *Les Conséquences politiques de la paix*, avait déduit de ce traité tout le processus qui mènerait l'Europe à la guerre : l'*Anschluss*, la crise des Sudètes, l'alliance germano-russe. Pourtant, malgré le recul historique, nous refusions visiblement de réfléchir aux déséquilibres géopolitiques à l'origine de cette guerre et nous nous bornions à n'y voir que la faute d'idéologies obscurantistes. (Des « idéologies obscurantistes » : ce concept même nous semblait pertinent, alors que le nationalisme, que notre Président dénonçait avec vigueur, avait été, au XIXe siècle, une idéologie généreuse et novatrice inspirée des Lumières et c'était la bonne volonté de nos ancêtres, qui avait permis à la Prusse de faire l'unité allemande sous sa coupe avant de

---

1. Emmanuel Macron, Discours du 11 novembre 2018.

nous écraser en 1870 et de troubler pour trois quarts de siècle la paix du continent.[2])

En 1926, le prix Nobel de la paix avait été attribué conjointement à Aristide Briand et Gustav Stresemann pour leur bonne volonté (Briand venait d'être nommé aux Affaires étrangères et n'avait donc pas encore de bilan). « Nous ne savions pas que le comité distribuait des prix d'encouragement », avait commenté, moqueur, Jacques Bainville.[3] Au même moment, la Conférence des ambassadeurs annonçait que l'Allemagne ne respectait pas le désarmement… Treize ans plus tard, celle-ci agressait la Pologne, démarrant ainsi une guerre qui causerait plus de cinquante millions de morts : les deux lauréats que nos

---

2. En 1866, après le « coup de tonnerre » de Sadowa, victoire fulgurante de la Prusse sur l'Autriche qui révéla la puissance de cet État militariste, le journal *Le Siècle* avait titré : « L'unité de l'Allemagne, comme l'unité de l'Italie, c'est le triomphe de la Révolution ». *La Liberté, La Presse, L'Avenir national, L'Opinion nationale, Le Journal des Débats* – toute la presse progressiste – avaient accueilli la nouvelle avec la même funeste allégresse. Il aurait pourtant été encore temps de mettre fin au militarisme prussien, contre lequel une grande partie de l'Europe, dont de nombreux États allemands, était prête à se coaliser. Napoléon III refusa, pour demeurer fidèle à son idéal, le principe des nationalités, idéal généreux qui causerait tant de malheurs… Quatre ans plus tard, la France était écrasée à Sedan par l'État-nation qu'elle avait généreusement laissé se construire. C'est de ce « coup de tonnerre » de Sadowa que nous tirons le titre de notre confession : saurons-nous l'entendre mieux que l'empereur et changer de cap, tant qu'il en est encore temps ? (Voir, à ce sujet, Jacques Bainville : *Histoire de deux peuples* et *Histoire de trois générations*.)

3. Jacques Bainville, « Le Prix Nobel » (1926), *Doit-on le dire ?* (recueil d'articles), Les Belles Lettres, 2015.

ancêtres avaient portés aux nues avaient échoué. En 2009, le même comité décerna la même récompense au président américain Barack Obama, cette fois encore dès la première année de son mandat, décision que nous saluâmes les larmes aux yeux. Nous n'avions pas changé : nous croyions au pouvoir de la bonne volonté.

Cette grille de lecture simpliste, nous l'appliquions à tous les conflits. En 2013, lorsque était mort Nelson Mandela, nous avions consacré toutes nos émissions aux louanges de son esprit de conciliation et à la bonne volonté du couple Mandela-De Klerk, grâce à laquelle l'Afrique du Sud avait vaincu les démons du racisme. Vingt ans après la fin de l'apartheid, l'état du pays était pourtant déplorable. Plus tôt, lors des guerres du Liban ou de Yougoslavie, nous nous étions aussi obstinés à distinguer les bons et les méchants : les cruels Serbes nationalistes contre les Bosniaques et les Kosovars persécutés, les « phalangistes » chrétiens libanais contre les « islamo-progressistes ». Poser un regard neutre, géopolitique, sur les conflits libanais, yougoslaves, sud-africain et sur leurs causes profondes, c'eût été, en un sens, donner raison aux méchants, légitimer les idéologies qui avaient causé des malheurs innombrables. Alors nous nous bornions à dénoncer les mauvaises volontés. Notre obsession naïve des leçons de l'histoire nous empêchait ainsi d'en tirer la moindre car *comprendre* nous paraissant suspect. Il n'aurait pourtant pas nécessairement fallu s'interdire tout jugement moral mais suspendre celui-ci, le temps de l'analyse, pour nous concentrer sur ce sur quoi l'action politique peut agir : les équilibres géopolitiques, politiques et démographiques. À y repenser, aujourd'hui… quelle naïveté ! Croyions-nous sincèrement que la guerre civile libanaise ou les deux guerres mondiales auraient été évitées en faisant chanter *Lily*[4] aux enfants ? Aussi enfantin que cela puisse paraître, nous le croyions dur comme fer et, apparemment, notre Président le premier…

La France n'est pas le Liban, le Kosovo ni l'Afrique du Sud et il aurait été idiot de prétendre exactement calquer leur histoire sur la nôtre mais n'aurions-nous pas au moins pu en tirer des mises en garde ? Une invitation à réfléchir au « vivre-ensemble » qui nous tenait tant à cœur, autrement que par le prisme moralisateur de la bonne volonté : sous l'angle des équilibres politiques et démographiques ? Nous aurions ainsi pu nous intéresser précisément aux aspirations de chaque composante de la société française existante et de celle que nous construisions par l'immigration et tenter de prévoir comment elles risquaient d'évoluer à long terme. Malheureusement, de cela aussi, nous étions incapables

---

4. Pierre Perret, 1977. Nous enseignions cette jolie chanson à nos enfants à l'école, qui évoquait les malheurs d'une immigrée somalienne souffrant du racisme et qui se concluait par une note d'espoir : « Mais, dans ton combat quotidien, Lily | Tu connaîtras un type bien, Lily | Et l'enfant qui naîtra, un jour | Aura la couleur de l'amour | Contre laquelle on ne peut rien. »

car notre cécité ne concernait pas que le passé mais aussi le présent et l'avenir.

## L'ethnocentrisme angélique et la cécité au présent

Notre cécité aux signes du présent nous venait d'une sorte d'ethnocentrisme angélique, par lequel nous refusions d'admettre que l'autre pût non seulement penser différemment mais être en tort. Nous interprétions toutes ses actions sous l'angle de nos propres représentations mentales, le plus souvent comme des cris de révolte contre l'injustice : la dénonciation du racisme occidental était à nos yeux nécessairement mue par un sincère désir de justice, la haine assumée de la France, de son peuple et de ses institutions était le cri d'un amour déçu et la dénonciation de l'islamophobie une preuve d'attachement à nos valeurs de tolérance. Nous nous interdisions ainsi de voir que l'autre pouvait nous être injustement hostile et que nous pouvions légitimement lui résister.

L'idéal antiraciste, d'abord, n'avait pas le même sens pour tout le monde. Dans *Les Blancs, les Juifs et nous*, Houria Bouteldja, porte-parole des *Indigènes de la République*, écrit ainsi :

La France est très forte. Elle a déclaré la guerre à mes parents. La bataille est rude. Elle veut leur arracher mon corps, le coloniser. Le racisme est-il à ce point bête ? Il méprise tellement son adversaire qu'il le croit inoffensif. Il s'imagine que les hommes de chez nous sont des corps inertes et désactivés. T'arrives, tu leur dérobes leurs femmes et ils te gratifient d'un « merci bouana » ?[5].

On comprend que le sens des mots était inversé : « antiracisme » était l'autre nom de l'esprit de clan et « racisme », appliqué à la pratique des mariages mixtes, désignait très exactement ce que nous considérions comme l'aboutissement de notre idéal antiraciste.

De même, lorsque cet esprit clanique, combiné à une atrophie morale, engendrait les violences gratuites étudiées par Maurice Berger[6], nous voulions y voir une révolte contre l'injustice ou, à tout le moins, une conséquence de la ghettoïsation[7]. En un mot : notre faute. « Euh, oui, ce doit être ça », répondait en 2005, au journal télévisé, un jeune Maghrébin à un sociologue qui lui expliquait doctement que, si des voitures étaient brûlées, c'était parce qu'elles étaient le symbole de la société de consommation dont il était exclu. Dans son cabinet, commente Maurice Berger, le même genre de garçon lui expliquait que ce n'était qu'un jeu.

---

5. Houria Bouteldja, *Les Blancs, les Juifs et nous*, La Fabrique éditions, 2016.

6. Dr Maurice Berger, *Sur la violence gratuite en France : Adolescents hyper-violents, témoignages et analyse*, L'Artilleur, 2019.

7. Voir, à ce sujet : Maurice Berger, « Non, la violence gratuite n'est pas due à la ghettoïsation », *Le Figaro*, 15 novembre 2019.

Enfin, nous prîmes toujours au sérieux les plaintes de musulmans à propos de notre « islamophobie » historique, sans y voir l'influence des tendances paranoïaques propres aux cultures arabo-musulmanes. Voyons un exemple de ces tendances :

> La croisade est le fait d'aller en guerre au nom du christianisme contre ceux qui s'opposent à cette religion ou gênent son expansion. À l'époque, l'islam ne cessait de se répandre et de briller sur tous les plans[8]. [...] Les historiens nous disent que, lorsque les Arabes sont arrivés en Andalousie, ils ont été choqués par la pauvreté culturelle [...]. Le Sultan Abd al-Rahman II régna sur l'Espagne musulmane durant un demi-siècle. Il fit de Cordoue une ville magnifique.

Puis, à propos de la colonisation française :

> « Coloniser » veut dire implanter des colonies dans des terres étrangères, c'est-à-dire occuper des terres par la force et imposer dans le pays des lois et des règles qui soumettent la population locale. C'est une domination.
> — C'est injuste !
> — Oui, c'est violent et injuste.[9]

---

8. Rappelons que l'un des principaux objectifs de la première croisade fut justement de stopper la reprise des invasions musulmanes par les Turcs seldjoukides. Ne parler que de rayonnement islamique sans évoquer cela, pour s'émouvoir ensuite d'une contre-offensive croisée en la présentant comme une agression unilatérale est pour le moins audacieux. Quant à dire que les musulmans gênaient l'expansion chrétienne et que les chrétiens ont pris les armes pour la relancer, cela relève d'une véritable inversion accusatoire.

9. Tahar Ben Jelloun, *L'Islam expliqué aux enfants*, Le Seuil, 2017.

Cette vision grossièrement partiale de l'histoire des relations entre Orient et Occident, valorisant sans nuance les conquêtes islamiques et condamnant sans nuance les conquêtes occidentales, n'est pas le fait d'un propagandiste des Frères musulmans. Son auteur, convaincu qu'il « ne cherche pas à convaincre, [mais qu'il] raconte le plus objectivement et le plus simplement l'histoire d'un homme devenu prophète, l'histoire aussi d'une religion et d'une civilisation qui a tant apporté à l'humanité » est Tahar Ben Jelloun, ancien contributeur du journal *Le Monde* et membre de l'Académie française.

Cet ethnocentrisme angélique, qui nous empêchait ainsi de tenir compte des travers *sincères* de certaines populations, nous empêchait *a fortiori* de repérer leur manipulation par des groupes volontairement hostiles et hypocrites. Nous fîmes l'expérience, en 2020, du rapport très libéral que les militants indigénistes et leurs équivalents américains entretenaient avec la vérité, lorsque Karen Attiah, éditrice des pages « Opinions » du *Washington Post*, relaya les allégations calomnieuses d'un ministre pakistanais, prétendant que la France envisageait de faire aux musulmans, selon ses mots, « ce que les nazis infligeaient aux Juifs »[10]. Peu de temps avant, notre Président, Emmanuel Macron, avait fait la même découverte, lorsque le gouvernement algérien, avec qui il

---

10. « Une ministre pakistanaise compare Macron à un nazi, l'Élysée s'insurge », *Le Parisien*, 21 novembre 2020.

avait cru pouvoir lancer une grande réflexion sur la mémoire de la décolonisation, avait annoncé que la mémoire des harkis, massacrés par le FLN, était hors de propos[11] : nous avions du mal à admettre que nous étions relativement seuls au monde à nous soucier de la vérité.

De même, nous nous interdisions de comprendre l'intérêt que pouvaient trouver des organisations criminelles à exclure la police de leur territoire et nous pleurions la mort des « jeunes » qui se tuaient eux-mêmes en manifestant cette occupation par des rodéos à motocross. Nous prenions également au sérieux des intellectuels comme Geoffroy de Lagasnerie, lorsqu'ils dénonçaient, avec le comité Adama, l'usage supposément abusif de la violence par la police, alors qu'ils assumaient par ailleurs ouvertement leur opposition de principe à l'institution policière[12]. En résumé : des mafias voulaient continuer de faire régner leur loi sur des quartiers entiers et des militants extrémistes voulaient détruire nos institutions en discréditant leurs représentants par tous les moyens mais nous prenions au sérieux les affaires qu'ils manipulaient et leur prétendue exigence de justice et de vérité.

---

11. « Les harkis veulent ne pas être exclus du travail mémoriel sur les relations entre France et Algérie », *Ouest France*, 15 novembre 2020.

12 Voir chapitre VII, note n°2.

Enfin, nous étions désarmés face à la propagande islamiste, étudiée notamment pas Alexandre Del Valle[13], fondée sur la dialectique de la violence et de la non-violence : après un attentat perpétré par les « coupeurs de têtes », nous prenions pour une volonté d'apaisement la propagande des « coupeurs de langues » et nous croyions que nous gagnions, lorsque, pour donner tort aux impérialistes guerriers du djihadisme, nous donnions raison aux impérialistes discrets salafistes ou fréristes, même quand ils utilisaient l'accusation « d'islamophobie » contre toute personne s'opposant à l'imposition progressive de la charia : nous prenions des conquérants astucieux pour des antiracistes sincères. La même accusation causa la mort de Samuel Paty, décapité après une campagne de calomnie.

Nous prenions ainsi nos ennemis pour nous-mêmes ou pour ce que nous croyions être car nous mettions un point d'honneur à ne pas porter sur « l'Autre » un regard critique.

**Incapables d'imaginer l'avenir : l'illusion d'immortalité**

Cette incapacité à comprendre les motivations et la vision du monde des autres nous empêcha donc de comprendre les tendances présentes. Combinée à notre

---

13. Alexandre del Valle, *La Stratégie de l'intimidation*, L'artilleur, 2018.

vision simpliste du passé, elle nous interdit également de prévoir les évolutions qui menèrent à l'indigénisme, à l'explosion des violences gratuites et à la montée en puissance de courants islamistes en France.

Prévoir totalement l'avenir est évidemment impossible mais une décision politique responsable ne peut pas être prise sans une considération minutieuse, grave et sans tabou de ses conséquences possibles à long terme. Ce travail nécessite au moins trois aptitudes : tenir compte des signaux faibles, prendre au sérieux les menaces pesant sur la paix civile et l'État de droit et tenir compte de la succession des générations. Trois aptitudes qui nous faisaient totalement défaut.

La première, l'attention aux signaux faibles, nous avait peut-être en partie manqué à cause de la logique du discours médiatique : les débats portaient le plus souvent sur les faits d'actualité spectaculaires, ce qui nous condamnait à ne prendre conscience des problèmes que lorsqu'ils étaient déjà solidement installés. Le reste du temps, nos médias ne se faisaient l'écho que des événements *compréhensibles*, c'est-à-dire trouvant une explication dans les paradigmes du moment ou, autrement dit, confirmant nos *a priori*. Les dérives violentes et totalitaires du prétendu antiracisme « *woke* »[14] s'étaient

---

14. Au-delà de leurs différences idéologiques et stratégiques, les mouvements « woke », « intersectionnel » et « indigéniste » ont en commun la

déjà révélées avec clarté en 2017 au sein de l'université d'Evergreen, aux États-Unis. Cet événement aurait pu être fondamental dans notre compréhension des motivations du mouvement et du danger qu'il faisait peser sur les libertés. Nous y aurions découvert plus tôt ses tendances inquiétantes, dignes de la Révolution culturelle maoïste : rejet de la science, de la raison et du débat, volonté de refonder la connaissance sur des préjugés idéologiques, surenchère de la violence pour prouver son adhésion aux valeurs de la révolution, bonne conscience des barbares, enfin, persuadés que leurs victimes méritent leur violence aveugle et que celle-ci contribue à construire un monde meilleur. Pourtant, à l'époque, le public français n'en entendit parler que par un article de *Pour la Science*[15]. Plus tard, en novembre 2018, France Culture évoqua le sujet durant cinq courtes minutes[16] et ce n'est, semble-t-il, qu'en 2019, qu'un reportage amateur[17] fit découvrir cet événement à plus grande échelle. Ce désintérêt des médias

---

dénonciation d'un supposé racisme « systémique » dans les sociétés occidentales, faisant peser sur les blancs un état de culpabilité raciste tant qu'ils ne s'engagent pas pour la cause. Ils visent également tous à la destruction des fondements culturels des sociétés occidentales, supposés responsables de tous les maux qu'ils dénoncent.

15. « Les fâcheuses retombées du post-modernisme à l'Université », *PourLaScience.fr*, 29 septembre 2017.

16. Brice Couturier, « *Safe spaces* : des étudiants qui ne supportent plus la contradiction », *Le Tour du mon des idées*, France Culture, 16 novembre 2018.

17. « Sanglier sympa », *Evergreen et les dérives du progressisme*, 8 juillet 2019.

français s'expliquait sans doute en partie par la distance ; il s'explique probablement aussi par le manque de clairvoyance politique des directeurs de rédactions. Enfermés dans des paradigmes inopérants, ils ne comprirent sans doute pas l'importance de cet événement, qui n'entrait pas dans leurs schémas de pensée. La réaction des médias américains semble confirmer cette hypothèse :

> Dans une presse super-polarisée, les journaux font un très bon travail sur les sujets qui coïncident avec leur vision idéologique des choses, et ne font rien sur les histoires qui ne collent pas avec leur prisme. Pour la presse libérale, l'idée que des sectaires noirs s'en prennent à un professeur blanc aux vues égalitaristes ne faisait pas sens. Ils préféraient que cela n'existe pas et ont refusé d'en parler. Pour la presse de droite, cela a été une affaire nationale.[18]

On comprend l'importance essentielle du pluralisme idéologique dans les médias… Cependant, quand bien même l'affaire d'Evergreen aurait eu lieu en France, quand bien même nos médias l'auraient couverte, l'aurions-nous prise au sérieux ? Probablement pas :

> La difficulté, en 2017, était de convaincre les gens qu'il ne s'agissait pas seulement d'étudiants en train de faire du bruit. Certains d'entre nous en étaient conscients. On a essayé de sonner l'alarme. Mais les gens qui n'ont pas été confrontés personnellement à ce défi idéologique, ne voient pas à quel

---

18. Bret Weinstein, « Tant qu'on n'affronte pas la gauche *"woke"*, on ignore combien elle est dangereuse. » (entretien), *Figaro Vox*, 17 décembre 2020.

point il est sérieux et le sous-estiment. [...] Ce que nous voyons ressemble de manière effrayante au bolchevisme ou à la période chinoise précédant le Grand Bond en avant.[19]

Notre romantisme révolutionnaire et notre sentiment de sécurité, notre négligence de la fragilité de l'État de droit, nous empêchaient de comprendre la gravité de l'événement. Plus encore, pour des raisons que nous éclaircirons bientôt, nous croyions que l'inquiétude était immorale, « rance », malveillante et que l'insouciance était une preuve d'ouverture d'esprit : nous avions fait de l'irresponsabilité une vertu cardinale.

Enfin, notre prévoyance politique était bridée par la négligence d'un élément essentiel de la vie des sociétés et des civilisations : la succession des générations. Nous croyions qu'il était suffisant de convaincre aujourd'hui les différentes composantes de la société française de vivre ensemble, pour remplir notre devoir politique, comme si une société était statique, comme si l'histoire de l'Europe et du monde ne nous avait rien appris. Dans *Histoire d'un Allemand*, écrit en 1938 et publié en 1999, Sebastian Haffner décrit la mentalité de la génération qui désira et permit la montée du nazisme. Une génération qui a vécu la guerre n'est-elle pas immunisée ? N'a-t-elle pas compris que ce qu'elle a vécu doit être la « der des ders » ? Peut-être mais les générations se succèdent et les sociétés

---

19. Bret Weinstein, *ibid.*

oublient. Une bonne part de celle qui mena Hitler au pouvoir en 1933 était encore écolière en 1919. Elle avait suivi la guerre par la presse comme une rencontre sportive et ne comprit pas la défaite, nous dit Sebastian Haffner[20] :

> La génération nazie proprement dite est née entre 1900 et 1910. Ce sont les enfants qui ont vécu la guerre comme un grand jeu, sans être le moins du monde perturbés par sa réalité.[21]

Nous-mêmes, à notre époque, nous n'avons pas prévu la montée de l'indigénisme et de l'islamisme car, aveuglés par la relative discrétion des premières générations d'immigrés, nous n'avons pas voulu voir qu'elles disparaîtraient et que leurs enfants leurs succèderaient, qui n'auraient pas la même vision du monde, notamment parce qu'ils seraient nés en France et considéreraient comme injuste l'exigence d'assimilation. Aujourd'hui encore, nous nous bornons à dénoncer les problèmes présents et nous croyons suffisant de lutter contre le « séparatisme », sans nous soucier de ce que vit la génération qui deviendra adulte dans quinze ans. Elle entre aujourd'hui à l'école primaire, représente presque un

---

20. Cet effet de succession des générations, Jacques Bainville l'avait également intégré à son analyse en 1919, dans *Les Conséquences politiques de la paix* : « Des enfants qui ne sont pas encore nés, qui n'auront connu la guerre que par ouï-dire, par une légende dont le caractère se laisse déjà deviner ("nous n'avons pas été vaincus"), ces enfants seront arrivés à l'âge d'hommes et, sur le produit de leur travail, il leur faudra encore prélever la part des réparations. »

21. Sebastian Haffner, *Histoire d'un Allemand*, Actes Sud, 2000.

cinquième de sa classe d'âge et est abreuvée de discours victimaires lui expliquant que l'État français la persécute. On ne peut feindre d'ignorer que cette génération risque fort d'être demain plus radicalisée encore que ne l'est celle qui l'aura précédée.

Les souvenirs passent et les idéologies changent : nous ne sommes pas immortels, nos enfants nous succèderont et leurs idées ne seront plus les nôtres. C'est pourquoi la réflexion sur les équilibres géopolitiques et démographiques est si essentielle à la responsabilité politique à long terme : les hommes ne vivent pas en paix parce qu'une génération a un jour chanté la confiance mutuelle mais parce que leurs ancêtres ont maintenu les structures rendant aisée leur cohabitation. Aussi tolérants que nous soyons convaincus d'être aujourd'hui, nous mourrons un jour et la paix civile ne dépendra plus, alors, de nos illusions bienveillantes mais des conditions démographiques et politiques que nous aurons léguées à nos enfants.

Notre vision simpliste du passé, notre inintelligence du présent et notre incapacité à imaginer l'avenir nous avaient rendus totalement incapables de prévoir les menaces qui pèseraient bientôt sur notre société. À la vérité, notre cécité s'expliquait également par une dernière erreur plus fondamentale, qu'il nous faut évoquer désormais et qui mérite un chapitre à part entière : notre mauvaise compréhension des objectifs mêmes de l'antiracisme et de l'usage de la morale en politique.

# Chapitre VI

# L'antiracisme bêlant

Le désintérêt pour les personnes humaines, que nous avons décrit dans notre chapitre IV, et l'insouciance face aux dangers menaçant nos équilibres sociaux et, par là, notre civilisation, évoquée dans notre chapitre V, expliquent en partie les erreurs de jugement qui motivèrent notre aveuglement volontaire, dont nous avons décrit les outils au chapitre III. Ils nous faisaient sous-estimer très largement certains problèmes et surestimer fortement certains autres. Nous minimisions la gravité de la criminalité car nous savions qu'elle était majoritairement maghrébine et africaine et que le risque de stigmatisation de ces populations nous paraissait plus grave que le malheur des habitants des quartiers concernés (parmi lesquelles, pourtant, on trouvait évidemment des Maghrébins et des Africains). Nous minimisions le danger d'une diffamation de la police car nous ne comprenions pas que des mafieux et des idéologues voulaient la détruire et, en comparaison, nous surévaluions l'importance des « violences policières » illégitimes car elles confirmaient nos schémas de pensée dominants-dominés. Quant aux souffrances intimes des policiers et des gendarmes engagés au service de leurs compatriotes – à *notre* service mais nous n'en avions cure – et qu'affligeait parfois un désespoir profond[1], elles ne pesaient pour rien, dans la balance de nos arbitrages, sur un plateau qui, écrasé d'innombrables malheurs présents et à venir, n'en demeurait pas moins désespérément vide.

Ces erreurs de jugement nous venaient d'un égarement idéologique plus fondamental, une erreur affectant nos principes moraux eux-mêmes : *l'antiracisme bêlant*.

### Le stakhanovisme de la paix civile

En tant que discipline personnelle, l'antiracisme consiste à s'empêcher d'adopter des comportements « racistes », qui sont immoraux car injustes : réduire une personne à une appartenance ou, d'une manière plus générale, à une caractéristique quelconque, c'est nier l'infinie richesse de sa personnalité et le considérer comme une chose. Si ce racisme s'exprime par de la haine, il est

---

1. Voir, par exemple, à ce sujet : « Les suicides dans la police atteignent un niveau "hors norme" en 2019 », *Le Monde*, 12 avril 2019.

doublement immoral. Autrement dit, le fait que les auteurs de violences gratuites soient majoritairement maghrébins ne peut en aucun cas justifier de haïr *a priori* chaque Maghrébin individuellement. À cette exigence morale plus ou moins lévinassienne et totalement justifiée s'ajoutait cependant, pour nous, une exigence absolument infondée et proprement immorale : *l'exigence du mensonge*. Nous considérions en effet, non seulement que les vérités générales sur certaines populations ne justifiaient pas la haine individuelle, ce qui est incontestable, mais également qu'elles ne devaient pas être prononcées ni même pensées.

En politique, l'antiracisme responsable relève – ou devrait relever – d'une logique très différente : il consiste à construire ou maintenir une situation empêchant le développement des tensions raciales, pour prévenir leurs différentes expressions, de l'offense individuelle (injure, injustice) au conflit entre groupes (guerre civile), le second, bien plus grave, devant bien sûr être empêché en priorité. Cette exigence est ainsi fondée sur le traitement des causes profondes et non des seuls symptômes. Elle suppose donc une approche diamétralement opposée à celle de l'antiracisme individuel : pour penser un équilibre stable, il faut supposer chez les individus la mauvaise volonté la plus totale, afin de ne pas faire reposer la paix civile sur la vertu surhumaine des citoyens.

Parce que nous confondions ces deux ordres (celui de la morale individuelle et celui de la responsabilité politique), nous nous rendions incapables de réfléchir aux conditions de la paix civile. À force de mettre l'accent sur le devoir moral de « tolérance », que nous avions mis au cœur de notre exigence morale individuelle, nous jugions notamment que l'amour des autochtones pour les immigrés et l'« adoption » de ceux-ci par la communauté nationale était un *dû* or, dans les faits, il n'en était rien. L'on pourrait bien sûr débattre de la pertinence de ce devoir mais il s'agirait là d'une question morale théorique : Les autochtones ont-ils le devoir moral de considérer tout immigré qui le souhaite comme leur compatriote ? – Tous les autochtones du monde ou seulement les Occidentaux, comme nous semblions souvent le considérer ? – Cette réflexion théorique ne doit pas masquer une réflexion pratique sur la *réalité* : Dans les faits, les autochtones considèrent-ils tout immigré qui le souhaite comme leur compatriote ? Les immigrés se considèrent-ils eux-mêmes naturellement ainsi ? La réponse est non et la responsabilité politique exigeait donc de tenir compte de ces contraintes *anthropologiques*. Nous n'en fîmes rien. Notre obsession de l'exigence morale individuelle – exigence de surcroît mal comprise – nous en empêchait car nous croyions que le faire revenait à faire preuve « d'intolérance ». Nous nous croyions un devoir de posture morale.

Nous condamnions ainsi notre pays à la désintégration sociale à cause d'idéaux qui nous interdisaient de maintenir les conditions de l'harmonie. Ces idéaux ne servirent bientôt plus que de prétextes moralisateurs *a posteriori* : nous pouvions nous y référer, une fois que les politiques qu'ils avaient inspirées avaient fait monter les tensions raciales, pour remettre la faute, non pas sur ceux qui avaient créé les déséquilibres ethno-démographiques à l'origine de ces tensions et dont nous faisions partie mais sur ceux qui, placés au centre de ces déséquilibres, en subissaient les conséquences. En ce sens, à son stade terminal, l'antiracisme bêlant est le *stakhanovisme* de la paix civile : lorsque tous les équilibres économiques qui incitent les individus à travailler ont été détruits, reste le *stakhanovisme*, la propagande désespérée de l'Union Soviétique pour convaincre les travailleurs de produire toujours plus sans rien attendre en retour, comme le surhomme Alekseï Stakhanov. De même, lorsque tous les équilibres culturels furent détruits, demeura l'antiracisme bêlant pour exiger des citoyens le *stakhanovisme* de la tolérance : l'effort surhumain de chacun pour maintenir un « vivre ensemble » entre des populations ne partageant plus rien.

### Le traité de Versailles de la paix civile

Comme nous l'avons vu avec le discours d'Emmanuel Macron, nous étions convaincus que les conflits n'éclataient qu'en raison de la mauvaise volonté de certains acteurs : si, en 1939, de méchantes gens n'avaient pas voulu la guerre, nous ne l'aurions pas eue. En un sens, évidemment, c'était vrai : si les Allemands n'avaient pas voulu réaliser l'unité de tous les territoires germaniques, ils n'auraient pas agressé la Pologne, n'auraient pas annexé l'Autriche, etc. et la Deuxième Guerre mondiale n'aurait pas eu lieu mais à quoi nous servait cette vérité ? Avions-nous eu – nous, Français – un pouvoir sur la mentalité des Allemands, leurs rancunes et leurs aspirations ? Non ou du moins pas directement. Dès lors, dire que la guerre avait été « la faute » de l'idéologie allemande ou des « nationalismes » n'avait aucun intérêt dans la réflexion politique. Ce qui avait été en notre pouvoir, en 1919, ç'avait été de construire un équilibre géopolitique stable en Europe. Par conséquent, dire que la Deuxième Guerre mondiale avait été « la faute » des rédacteurs du traité de Versailles aurait peut-être été *moralement* partiellement faux (ils n'avaient pas *voulu* cette guerre) mais aurait été *intellectuellement* très utile à la réflexion politique : cela nous aurait permis de déterminer quelles erreurs avaient faites nos ancêtres et éventuellement de ne pas les commettre nous-mêmes à nouveau.

Les erreurs que commirent les vainqueurs en 1919 furent des erreurs d'idéalistes. Sous la pression du président Wilson, qui rapportait d'Amérique les idées françaises du XIX<sup>e</sup> siècle, ils tenaient à appliquer le

« principe des nationalités »[2] : les Allemands n'avaient-ils pas droit à l'unité politique, comme les autres peuples ? Les Polonais, éternellement spoliés, n'avaient-ils pas droit à un grand pays à eux ? Ces idées étaient généreuses mais irréalistes et, par conséquent, funestes. Donner à la Pologne des territoires pris à l'Allemagne et à la Russie était généreux pour le peuple polonais mais celui-ci était trop peu nombreux pour les défendre contre des pays bien plus peuplés, qui désiraient déjà les reprendre. Maintenir l'unité politique de l'Allemagne était généreux pour le peuple allemand mais le faire tout en lui demandant de rembourser sa dette à un pays, la France, d'un tiers moins peuplé qu'elle (quarante millions d'habitants contre soixante) était tout aussi irresponsable car tout aussi irréaliste.

Il fallait, pour comprendre tout cela, consentir à deux efforts intellectuels : 1. comprendre les aspirations

---

2. « Devant cette tâche, la liberté d'action des vainqueurs n'est pas entière car, lors de la conclusion de l'armistice, le gouvernement allemand a reçu, par la volonté expresse du président des États-Unis, une garantie importante : le traité de paix devra prendre pour base les Quatorze Points énumérés par Woodrow Wilson dans son message au Congrès américain, le 8 janvier 1918, et complétés par ses déclarations du 4 juillet, du 27 septembre et du 21 octobre. Ces "points wilsoniens" se réclament des aspirations des nationalités et du droit des peuples de disposer de leur propre sort. Ils ont stipulé la restauration de l'indépendance de la Belgique, la restitution de l'Alsace-Lorraine à la France, la reconstitution de la Pologne, l'indépendance des nationalités de l'Autriche-Hongrie, la satisfaction des revendications "irrédentistes" de l'Italie et, en termes obscurs, un remaniement des frontières entre les États balkaniques. » (Pierre Renouvin, *Le Traité de Versailles,* Flammarion, 1969.)

de chaque peuple et de chaque État (en particulier celles du peuple allemand récemment unifié et de l'État prussien), 2. accepter de les décevoir si nécessaire, pour préserver la paix en Europe (en particulier l'aspiration allemande à l'unité, qui faisait apparaître un État surpuissant au cœur du contient, pouvant revendiquer des territoires voisins peuplés de minorités germaniques au nom du principe des nationalités). Autrement dit, il fallait une empathie (1) tragique (2). L'idéal du « principe des nationalités », entre autres facteurs, en priva les artisans du traité de Versailles, qui créèrent une situation intenable. À défaut de clairvoyance géopolitique, ils s'armèrent de bonne volonté et créèrent la Société des Nation (SDN), pour favoriser la coopération internationale et tenter d'encourager l'entente entre des peuples aux intérêts divergents et de puissance inégale. En 1928, Aristide Briand décréta même la guerre « illégale » avec le secrétaire d'État américain (pacte Briand-Kellogg). Ils croyaient au pouvoir de la bonne volonté et leurs fils eurent donc la guerre, encore…

Retournons au XXIe siècle. Dans son principe, l'antiracisme bêlant est le traité de Versailles de la paix civile : la solution de la bonne volonté. Il repose sur l'idée que, puisque le racisme est « la faute » des racistes, il suffit, pour lutter contre lui, de le condamner pénalement et socialement et de former la population à la tolérance. Aussi avions-nous mis tous nos efforts dans la diabolisation du « racisme » : chansons engagées, sensibilisation des écoliers, campagnes de promotion de la diversité et, pour les plus têtus, condamnations pénales (lois Pleven en 1972 et Gayssot en 1990). Nous avions rendu le racisme illégal. Or Aristide Briand n'a pas sauvé la paix et la Licra n'a pas empêché la monté de l'indigénisme. Les deux étaient pourtant d'une sincérité incontestable[3] mais cette obsession de la bonne volonté entrait en contradiction directe avec la recherche d'équilibres stables.

L'on pourrait résumer un équilibre stable de la façon suivante : une situation ne laissant à aucune des parties à la fois la volonté et la capacité, présente ou future, de troubler la paix. Guidés par l'antiracisme bêlant, nous avions créé une situation exactement inverse : nous avions incité les minorités immigrées à nous haïr et nous nous étions interdits de nous inquiéter de leur capacité croissante à menacer la paix civile. Nous les avions incitées à nous haïr car notre complexe de supériorité maladif nous avait poussés à nourrir idéologiquement leur rancune, en nous accusant nous-mêmes inlassablement de tous les crimes à leur égard et en les dédouanant, elles, de

---

3. Nous soulignons ici la bonne volonté de la Licra car, contrairement à d'autres associations antiracistes, celle-ci a toujours maintenu sa position « universaliste » et dénonce aujourd'hui sans ambiguïté l'indigénisme et l'islamisme, bien qu'elle n'ait, à ce jour et à notre connaissance, jamais admis que son harcèlement judiciaire ait pu jouer un rôle dans la soumission générale au chantage à l'islamophobie.

toutes leurs fautes. Nous leur avions également octroyé indistinctement la nationalité française et, ce faisant, les avions convaincues que l'adoption par le peuple d'accueil leur était désormais un *dû*. Nombre d'enfants d'immigrés, comme le met en scène le roman de Faïza Guène *La Discrétion*, n'eurent ainsi plus conscience, au contraire de leurs parents, d'être des *invités*, devant gagner la bienveillance de leurs hôtes. Ils ne comprirent donc pas que ce *dû* leur fût refusé lorsqu'ils conservaient leurs coutumes, voire affichaient ostensiblement une allégeance étrangère.[4] Nous trouvions injuste que des enfants d'immigrés, nés en France, dussent encore faire leurs preuves mais la question à poser n'était pas celle de la justice : elle était celle de la réalité. Parce que la réalité nous semblait injuste, nous croyions suffisant de la nier et nous nous voulions rassurants : « Ne faites pas d'effort, conservez vos mœurs et vos prénoms, disions-nous aux immigrés et à leurs descendants : si les Français ne vous acceptent pas tels que vous êtes, ce sera leur faute et ils mériteront votre haine », comme un parent indigne ou un mauvais ami auraient dit à un jeune lycéen ou étudiant :

---

4. « Yamina croit apaiser sa fille en lui répondant : C'est comme ça benti, on doit accepter, on est comme leurs invités, on est chez eux. Ça fout Hannah à bout, ce genre de discours : Non, on n'est pas chez eux, maman ! On n'est pas des "invités" ! T'as reçu un carton d'invitation, toi ? Moi, non ! ça suffit, ça fait trente-cinq ans que j'entends ça ! Nous, on est chez nous ! On est nés ici ! Et si on en est arrivés là, c'est pas par pure coïncidence ! » (Faïza Guène, *La Discrétion*, Plon, 2020.)

« Ne travaille pas : le diplôme est un droit qui se réclame et non la sanction de tes efforts » et l'auraient ainsi condamné à une vie de regrets et de ressentiment.

Tout en entretenant la rancœur des populations immigrées, nous nous étions interdit d'exprimer de l'inquiétude face à leur montée en puissance démographique donc politique. Souvenons-nous : en 2010, des associations islamistes, renforcées par une base électorale de plus en plus nombreuse, organisèrent des prières de rue afin de s'imposer plus visiblement dans l'espace public et de signifier aux autres musulmans comme aux responsables politiques qu'il allait désormais falloir composer avec eux. Ces impérialistes avançaient leurs pions et la présidente du Front National s'en était inquiétée, qui les avait comparés à l'armée d'occupation allemande. Cette inquiétude nous semble aujourd'hui presque unanimement justifiée, quoiqu'elle fût peut-être alors énoncée en des termes particulièrement crus. Pourtant, à l'époque, la Licra (accompagnée du MRAP et d'SOS-Racisme) avait poursuivi Marine le Pen en justice jusqu'à sa relaxe en 2015. Elle l'avait fait aux côtés du Comité contre l'islamophobie en France (CCIF). Ce même comité fut finalement dissout en décembre 2020 par le ministère de l'Intérieur, pour avoir conduit durant des années « avec constance une action de propagande islamiste », selon les termes du décret de dissolution. À l'époque, malheureusement, l'inquiétude face au danger nous semblait plus grave que le danger lui-même.

Nous avions donc créé les conditions d'un déséquilibre ethno-politique : nous avions apporté aux uns les raisons de troubler la paix et interdit aux autres de s'inquiéter de leur montée en puissance. Les rapports de forces évoluèrent bientôt avec la démographie. Des élus locaux se soumirent aux plus virulents, qui prétendaient représenter des « communautés » désormais électoralement incontournables car démographiquement importantes et nous pûmes alors, plus ou moins tardivement, adopter la posture du sage surplombant la cohue, en dénonçant la montée d'idées égoïstes *de part et d'autre* : islamisme et racisme blanc, indigénisme et identitarisme français. La Licra, un an après la relaxe de Marine Le Pen, appela à « reprendre (*sic*) le combat contre cette imposture qu'est le concept d'islamophobie »[5], puis, l'année suivante, qualifia ses anciens comparses du CCIF de « champions des amalgames »[6] mais n'exprima, semble-t-il, aucun regret d'avoir cheminé un temps à leurs côtés.

Nous en sommes là, aujourd'hui. Nous dénonçons, sans grande originalité, les « deux faces d'une même pièce » ou les deux mors d'une même « tenaille », désignant ainsi les deux conséquences de notre bonne volonté. Nous disons qu'elles « menacent » l'antiracisme

---

5. « Pour le président de la Licra, l'islamophobie est une "imposture" », *L'Express*, 8 novembre 2016.

6. « Le CCIF, champion des amalgames », *licra.org*, 9 février 2017.

universaliste, qu'elles sont le malheur imprévisible qui a empêché l'avènement autrement inévitable du vivre-ensemble républicain.

Nous ne sommes pas en tort, pensons-nous, comme n'avaient pas été en tort les pacifistes bêlants de l'entre-deux-guerres. L'avènement de leur idéal de paix internationale était inévitable, pensons-nous, et n'avait été empêché que par la montée *imprévisible* des nationalismes, cette montée que Jacques Bainville avait pourtant annoncée dès 1919. D'autres, de même, avaient prévu depuis des décennies que nos politiques migratoires aboutiraient à un désastre mais nous nous tenons tout de même pour irréprochables. Nous nous obstinons à penser que ces malheurs cent fois annoncés étaient imprévisibles et que nous avions raison, naguère, de trainer ceux qui les prévoyaient devant les tribunaux. Nous considérons que, puisque la seule bonne volonté comptait, tout aurait marché si tous y avaient cru : ceux qui ont prévu le désastre en sont donc, à nos yeux, les fauteurs. Nous sommes foncièrement irresponsables. Nous nous rassurons en pensant que nous sommes irréprochables, bien que nous ayons eu tort, puisque nous avons été bien intentionnés. Que nos idées aient échoué et mené à un désastre n'importe pas à nos yeux. Elles avaient raison, ces Cassandre que nous faisions taire mais étaient et demeurent coupables. Coupables d'avoir eu raison avant nous. Coupables de ne pas avoir partagé notre naïveté.

### L'empathie tragique, qui nous faisait défaut

Comment expliquer cette naïveté ? Insistons sur ce point essentiel, au risque de nous répéter. En 1919, pour empêcher la guerre, les artisans du traité de Versailles auraient dû construire un équilibre stable, ce que leurs idéaux les empêchaient de faire car ils étaient attachés au principe des nationalités hérité des Lumières françaises, selon lequel chaque peuple devait être souverain dans un pays qui lui fût propre. Que les empires austro-hongrois et ottoman, injures à ce principe, pussent compter parmi les principaux garants de la paix en Europe leur était donc inconcevable (ces deux empires, trop faibles pour constituer une menace sérieuse, permettaient en revanche d'intégrer les petites nations dans des ensembles assez forts pour assurer l'intégrité de leurs frontières et sauvegardaient ainsi l'équilibre géopolitique régional). Le malheur s'expliquant à leurs yeux exclusivement par l'existence de méchantes gens, il leur était inimaginable que la meilleure solution pût impliquer des injustices.

À notre époque, nous aussi, pour prévoir les problèmes d'intégration et prévenir la montée de l'indigénisme, des violences gratuites et de l'islamisme, nous aurions dû nous soucier des équilibres, non plus géopolitiques mais culturels et ethno-démographiques. Comme auraient dû le faire les hommes de 1919, nous aurions dû faire preuve d'empathie tragique. Empathie : comprendre le tempérament et les aspirations de chacun.

Tragique : accepter que la vie est tissée d'injustices et qu'on ne peut parfois pas satisfaire tout le monde. Notre doctrine de l'antiracisme bêlant, par son obsession de l'exigence antiraciste individuelle, nous rendait incapables de cette double faculté donc impuissants à réaliser nos idéaux.

Incapables d'empathie, d'abord. L'idée que nous nous faisions de la bienveillance était faussée par notre manichéisme : convaincus que les malheurs n'arrivaient que par la faute de personnes mal intentionnées et constatant bien évidemment que nous rêvions, nous, au contraire, de paix et de fraternité, nous nous croyions radicalement différents de ces méchantes gens-là. Nous croyions donc – contre à peu près toutes les traditions philosophiques du monde mais comme la plupart des enfants – que la morale consistait à ne pas connaître la tentation. C'est pourquoi nous nous vantions si souvent de *ne pas comprendre* que l'on pût penser telle ou telle chose, comme si l'ignorance était un bien, l'imbécilité une vertu. Nous étions dès lors pris au piège de la posture morale. Si nous faisions l'effort de comprendre les tendances problématiques des autres cultures – l'esprit clanique, le délire de persécution, certaines formes de sexisme, etc. –, cela ne pouvait signifier que deux choses : ou bien que nous connaissions ces tendances de l'intérieur, au moins comme potentialité, mais alors nous comptions parmi les méchants aux tentations coupables – chauvines, complotistes, sexistes –, ou bien que nous jugions les hommes d'autres cultures capables de vices qui nous étaient étrangers et nous péchions alors contre ce que nous croyions être l'universalisme. Ne nous restait donc d'autre choix que de nier la réalité : notre système de valeurs bancal nous imposait un devoir d'hypocrisie.

Dépourvus du sens du tragique, ensuite, ce qui nous rendait incapable de réalisme : certaines réalités nous semblaient *impossibles*, parce qu'elles étaient *vertigineuses*. Comme nous l'avons expliqué plus haut (chapitre V), nous avions développé une vision de l'histoire manichéenne, dans laquelle les malheurs n'arrivaient que parce qu'il y avait des méchants. Nous ne pouvions donc pas concevoir de situations inextricables, c'est-à-dire *tragiques* : dans lesquelles le malheur arrive sans qu'il y ait de coupable, dans lesquelles deux volontés légitimes avancent irrémédiablement l'une contre l'autre, dans lesquelles Créon et Antigone ont tous les deux raison. Corolaire : nous ne concevions pas que des situations faisant souffrir des innocents ne pussent se régler sans que souffrissent encore des innocents : nous avions oublié nos humanités classiques. Faut-il s'en étonner ? Nous avions cessé de lire Sophocle à l'école, pour chanter Pierre Perret et nous étions bien sûr trop ouverts d'esprit pour ouvrir une Bible et nous arrêter sur le livre de Job. Tout s'expliquait donc par la présence d'un coupable, qui devait payer pour que tout rentrât dans l'ordre. S'il n'y avait pas de coupable, c'est qu'il n'y avait pas de problème : nous refusions de voir que le monde était irréparablement désordonné et nous nous faisions les instruments aveugles, d'autant plus meurtriers et d'autant plus injustes, de notre malédiction des Labdacides.

Penchons-nous quelques instants sur l'exemple du danger de l'impérialisme islamique. Nous craignions d'y réfléchir car, soucieux de conserver une bienveillance envers les individus, nous croyions que nommer des problèmes *objectifs* (c'est-à-dire existant indépendamment de la volonté des sujets) impliquait de porter un jugement sur les responsabilités individuelles. Plus concrètement, nous croyions par exemple que réfléchir au danger que faisait peser la présence d'une forte minorité de musulmans dans les pays occidentaux impliquait nécessairement de juger les musulmans moralement vicieux, de leur prêter des intentions cachées et de les haïr chacun individuellement or rien de tout cela n'était nécessaire. Ainsi, en 2016, l'agresseur du jeune Marin, ne se considérait peut-être pas lui-même comme le membre d'une police de la charia, comme l'avait souligné le *Fact Checker* du journal *Libération*[7], mais ce qu'il pensait n'aurait pas dû avoir d'importance pour considérer l'acte objectif : ce jeune musulman avait violemment insulté un

---

7. « Et donc que l'agression aurait des motivations religieuses. Or, l'avocate du condamné, Anne Guillemaut, explique à *CheckNews* qu'à aucun moment la religion ne s'est invitée dans les débats ou la procédure judiciaire. » (« Plusieurs intox circulent sur l'agression de Marin », Check News, *Libération*, 20 février 2019.)

couple homosexuel qui enfreignait la loi islamique, puis avait châtié le jeune homme qui s'était interposé. Moralement ou pénalement, il fallait peut-être le juger comme un simple criminel de droit commun. Politiquement, cependant, il fallait prendre conscience du problème que son crime révélait : une partie de la jeunesse immigrée se comportait *objectivement* comme une milice islamique. De même, nous ne saurons peut-être jamais ce qu'ont réellement voulu et compris les innombrables musulmans qui ont relayé l'accusation d'islamophobie contre Samuel Paty ou les deux collégiens qui ont désigné le professeur au tueur à la sortie de leur établissement. Nous ne savons pas quel est le degré de leur responsabilité morale dans cette affaire mais cette question a peu d'importance dans la réflexion politique. Ce qui importe, ce sont les faits *objectifs* : la communauté musulmane locale a *objectivement* participé à l'exécution d'un blasphémateur.

Parce que nous ne parvenions pas à établir cette distinction, nous fermions les yeux sur certains problèmes par souci de bienveillance. Lorsque la chanteuse Mennel se présenta voilée à l'audition de l'émission *The Voice* en 2018 ou lorsque BFM TV assura la promotion d'un livre de cuisine étudiante présenté par une jeune femme portant un voile islamique en 2020, la question qui importait réellement n'était pas tant de savoir si ces personnes étaient des « islamistes » (problème subjectif : question portant sur leurs intentions), ce dont elles se défendaient, que de comprendre l'effet de leurs actes en eux-mêmes, indépendamment de leurs intentions (problème objectif). En l'occurrence, l'accroissement de la visibilité de l'islam sert objectivement l'impérialisme islamique : chaque concession apparemment anodine en appelle de nouvelles car elle repousse les frontières de ce que les musulmans considèrent comme « islamophobe », puis l'opinion publique les suit, par peur de paraître intolérante. Chaque renoncement permet ainsi l'instauration progressive des normes sociales islamiques. La demande, dans sa forme, ne change pas : on demande du respect ; sur le fond, cependant, comme par un glissement de jurisprudence, le sens que prend le mot « respect » évolue : en France, on demande le droit de porter le voile, le « burkini », d'avoir des repas adaptés dans les cantines scolaires, de ne pas voir de « blasphèmes » dans les kiosques à journaux ; en Tunisie, le respect exige de se retenir de manger en public durant le mois du Ramadan, pour ne pas tenter les bons musulmans[8] ; au Pakistan, c'est aussi au nom du respect, que les foules haineuses sont descendues dans la rue pour exiger la pendaison d'Asia Bibi, chrétienne qui avait eu l'impudence de tirer l'eau d'un puits réservé aux musulmans et de dire que leur prophète ne lui en aurait pas voulu. Au Pakistan aussi, on ne demande que le respect, mais ne pas être musulman y est depuis longtemps devenu, presque en soi, un manque de respect.

---

8. « Tunisie : manifestation pour la liberté de manger en public durant le ramadan », *Challenges*, 11 juin 2017.

Le sens du tragique nous permettrait ainsi d'abandonner la recherche de coupables pour nous concentrer sur les problèmes objectifs. Il rendrait possibles des discussions plus sereines car il mettrait de côté les procès d'intention, souvent difficiles à « instruire » et potentiellement injustes pour les accusés. Nous pourrions alors dire calmement : *Ce n'est pas contre vous, nous ne vous accusons de rien ; nous ne pouvons céder sur rien.*

***

Arrêtons-nous, pour conclure, sur l'exemple de l'indigénisme. Houria Bouteldja nous en livre quelques clefs de compréhension dans *Les Blancs, les Juifs et nous* :

> Pourquoi j'écris ce livre ? Sans doute pour me faire pardonner mes premières lâchetés de cette chienne de condition indigène. La fois où, lycéenne, en route pour un voyage scolaire à New-York, je demande à mes parents qui m'accompagnent à l'aéroport de rester cachés à la vue des professeurs et camarades de classe parce que « les autres parents n'accompagnent pas leurs enfants ». Bobard à deux balles. J'avais honte d'eux. [...]

> Ce que je suis ? Je le sais... Une femme moderne et intégrée qui ne sait pas faire la *kesra* et à qui on a appris la fierté de trahir sa mère. [...]

> Ce sera notre éternel dilemme : rester et subir l'humiliation, partir et crever la dalle.[9]

---

9. Houria Bouteldja, *Les Blancs, les Juifs et nous*, La Fabrique éditions, 2016.

Le fondement de l'indigénisme est là : dans la honte de ses origines qui crie vengeance, dans le refus de s'assimiler par peur de trahir ses ancêtres, dans le refus de rentrer parce qu'on s'est habitué au bien-être occidental ; dans l'échec personnel aussi, parfois, ou celui de ses proches, qui rend la rancune plus douce que les remords.

Était-il si incompréhensible que, dans leur situation et abreuvés de nos idées égalitaristes leur faisant miroiter une ascension illusoire, des descendants d'immigrés finissent par se tourner vers la haine de l'Occident ? C'était injuste pour l'Occident, délétère pour la paix civile, certes ; était-ce incompréhensible ? était-ce imprévisible ? Probablement pas. Malika Sorel-Sutter[10], ancien membre du Haut Conseil à l'intégration, note, en se référant aux écrits et aux interventions de Daniel Lefeuvre[11], que, à l'époque de l'immigration italienne et polonaise, les deux tiers des Italiens étaient finalement rentrés chez eux, comme plus de 40% des Polonais arrivés entre 1920 et 1939. Comment pouvait-on croire que des populations venues d'ères culturelles bien plus éloignées s'assimileraient plus facilement, alors même que l'avion, la télévision par satellite, puis Internet leur permettaient

---

10. Malika Sorel-Sutter, *Décomposition française. Comment en est-on arrivé là ?*, Fayard, 2015.

11. Daniel Lefeuvre, *Pour en finir avec la repentance coloniale*, Flammarion, 2008. Ses remarques s'appuient elles-mêmes sur les travaux de Pierre Milza.

désormais d'échapper au déracinement ? L'assimilation est une vraie souffrance pour les parents, qui voient leur descendance leur échapper. Elle est difficile pour les enfants, tiraillés entre deux lignées. Il n'y a, en la matière, pas de choix plus légitime qu'un autre. On ne pouvait forcer personne à s'assimiler mais, sans assimilation, on ne pouvait pas empêcher la montée des rancœurs. Si nous avions voulu empêcher le développement de la pensée indigéniste, nous aurions dû accepter de ne pas satisfaire tout le monde : ne pas octroyer la nationalité française à ceux qui ne voulaient pas s'assimiler à la culture et à l'identité françaises et les inviter, à terme, à repartir. Parce que nous manquions du sens du tragique, nous n'étions pas prêts à l'accepter. Alors nous fermions les yeux et le monde nous redevenait simple.

Il est désormais de bon ton, après les coups de tonnerre de 2020, de condamner sans nuance l'indigénisme et nous pouvons nous en réjouir. Cependant, notre vive réaction dénote notre incapacité à penser le tragique : comme nos ancêtres, artisans du traité de Versailles, nous voulons satisfaire tout le monde ou, plutôt, tous les gentils. Comme eux, nous ne savons que dire : « Il n'y a pas de problème » ou : « Il y a des méchants ». Si nous avions voulu prévoir l'indigénisme, nous aurions dû être capables de dire :

« Il n'y a pas de méchant et il y a un problème. »

# Transition

# Une erreur… ou une faute ?

Résumons-nous

Nous nous sommes demandé, dans cette deuxième partie, quelles torsions idéologiques nous avaient amenés à fermer les yeux sur la montée de l'indigénisme, des violences gratuites et de l'islamisme. Nous croyons avoir en grande partie répondu à cette question.

L'outil de notre aveuglement fut le *privilège d'amalgame*, qui nous permit de rendre nos *a priori* idéologiques insensibles à toute contradiction. Cet outil nous autorisait en effet à considérer comme représentatif d'un fait de société tout événement, même rarissime ou imaginaire, confirmant nos idées préconçues et à considérer comme un fait divers isolé tout événement, même atrocement routinier, qui les contredisait. Pour déterminer quels drames nous considérions comme représentatifs, nous évaluions, non pas leur représentativité *statistique*, mais leur pertinence *politique*. Avant de décider si nous devions en tirer des vérités générales sur l'état de la société, nous réalisions un arbitrage entre le bénéfice (pour la société, pour les victimes, etc.) et le risque (pour le groupe stigmatisé). Pour comprendre notre aveuglement, il nous a donc fallu comprendre quels biais idéologiques nous avaient rendu ces arbitrages si faciles, quels biais nous avaient fait pencher toujours du même côté : il a fallu nous intéresser au *plateau vide de la balance*.

Nos arbitrages avaient été idéologiquement faussés par trois biais : le biais de labellisation, l'ignorance de la fragilité des équilibres sociaux et une erreur au fondement de nos principes moraux : l'antiracisme bêlant. Par le *biais de labellisation*, nous n'accordions notre compassion qu'aux victimes de drames entrant dans ce qu'il restait de nos anciens schémas marxistes dominants/dominés. Nous pleurions le jeune délinquant qui, durant une opération d'intimidation à motocross[1], se tuait à proximité d'une voiture de police mais dédaignions le jeune Aman, victime collatérale d'une *vendetta*. Par notre *insouciance des équilibres sociaux*, nous négligions tout ce qui menaçait la paix civile. Nous fermions les yeux sur la montée de l'indigénisme et de l'islamisme, parce que cette paix nous semblait acquise et que, par

---

1. Les rodéos signifient à la population : Je peux violer la loi impunément car la police n'a plus droit de cité ici, ce quartier est à nous, soumettez-vous.

conséquent, il nous paraissait inutile de « stigmatiser » les jeunes d'origine immigrée. Nous adhérions à la propagande islamiste dénonçant une prétendue « islamophobie » d'État car il nous était inconcevable que l'idéal antiraciste que nous sacralisions pût être utilisé à des fins impérialistes étrangères. De même, c'est le cœur léger que nous diffamions des policiers avant la conclusion des enquêtes, lorsqu'ils étaient soupçonnés d'usage abusif de la violence : nous négligions la gravité d'un abandon de la présomption d'innocence et d'un discrédit de l'institution policière, qui signifient pourtant la fin de l'État de droit. Quant à leur souffrance personnelle, *inétiquetable,* elle nous laissait bien sûr indifférents. Enfin, ces arbitrages faussés et le choix du mensonge étaient justifiés par une morale antiraciste déplacée : *l'antiracisme bêlant.* Nous croyions que le racisme ne progressait qu'à cause de la mauvaise volonté de méchantes gens et qu'il suffisait de promouvoir la tolérance pour assurer la paix civile à long terme, comme il aurait suffi, durant l'entre-deux guerres, de rendre la guerre illégale et de promouvoir l'amitié entre les peuples pour assurer la paix. Nous négligions l'importance des équilibres ethno-démographiques, comme avait été négligée, autrefois, l'importance des équilibres géopolitiques. Nos ancêtres avaient décerné, en 1928, le prix Nobel de la paix à Briand et Stresemann pour leur bonne volonté ; nous l'avions remis, en 2009, à Barack Obama, pour sa bonne volonté : ils avaient eu la guerre et nous n'avions rien appris.

## Une tragique ironie

Les biais idéologiques que nous avons décrits étaient-ils intrinsèquement liés au combat contre le racisme ? Peut-être pas.

La première législation antiraciste de France, comme celle de nombreux autres pays[2], date de la fin de l'entre-deux-guerres. Elle n'eut d'abord pas tant un objectif moral, comme elle en prit par la suite, qu'un objectif de défense de l'unité nationale, alors mise en danger par la propagande étrangère de l'ennemi nazi. C'est là ce qu'explique Emmanuel Debono, historien et directeur de rédaction du *Droit de vivre*, revue historique de la Licra[3], dans son livre *Le Racisme dans le prétoire* :

> La rédaction de *L'Univers israélite* et le chantre du patriotisme [Paul Déroulède] ont donc en commun de ressentir l'urgence d'agir contre les entrepreneurs de la haine antijuive. Même si les deux parties se retrouvent sur la fin à atteindre, leurs considérations se fondent cependant sur deux principes distincts : l'un est de faire taire les insulteurs et de protéger ceux qui vocifèrent à leur encontre ; le second est d'ordre politique et obéit à l'impérieuse nécessité de préserver les intérêts supérieurs de la nation, en neutralisant les diviseurs, pourfendeurs du bien commun.

---

2. Canada (1934), Hollande (1934), Suisse (1934), Égypte (1935), État du New-Jersey (1935), Brésil (1935), etc.

3. *Le Droit de vivre* a été refondé en 2020 et renommé *Le DDV*.

Les décrets-lois Marchandeau du 21 avril 1939 n'avaient ainsi

> pas été rédigé[s] dans l'esprit d'apporter une protection particulière aux différents « membres de la famille française » mais bien à des fins de cohésion générale : « ce n'est pas proprement leur intérêt qui est en jeu sous ce rapport, c'est plutôt celui de la collectivité nationale »[4].[5]

En trois quarts de siècle, l'objectif des lois antiracistes s'était cependant sensiblement élargi. On le comprend encore à la lecture d'Emmanuel Debono, écrivant cette fois-ci en son nom propre. Énumérant les phénomènes qui, selon lui, justifiaient le maintien d'une législation antiraciste après la chute de l'Allemagne nazie (alors que la menace qui avait originellement justifié cette législation avait donc disparu), il mentionne notamment le fait « que le journal *Minute*, fondé en 1962, mena durablement campagne contre la venue des Nord-Africains en France »[6].

---

4. *Journal Officiel de la République Française*, Lois et décrets, décret du 21 avril 1939 modifiant les articles 32, 33 et 60 de la loi du 29 juillet 1981 sur la liberté de la presse, 25 avril 1939, p. 5295.

5. Emmanuel Debono, *Le Racisme dans le prétoire*, Puf, 2019. (Notons qu'Emmanuel Debono, lui, juge regrettable l'esprit de ces décrets. L'extrait cité commence ainsi par ces mots : « Le camp antifasciste jubile : les activistes racistes vont être réduits au silence ! […] La réalité n'est pourtant pas si lumineuse car cette loi de circonstance n'a pas été rédigée dans l'esprit… »)

6. Emmanuel Debono, *ibid.* (Les autres phénomènes que mentionne Emmanuel Debono pour défendre l'utilité des lois antiracistes après 1945 sont

Nous avions ainsi fini par accorder une importance si grande à la bienveillance individuelle, que nous croyions qu'elle exigeait de nous une approbation sans nuance de la venue d'immigrés supplémentaires sans distinction d'origine et que les lois antiracistes devaient avoir pour but de nous inculquer cette approbation. À l'inverse, le souci de l'unité nationale, fondement premier de la législation Marchandeau, disparut et devint même suspect : nous ne parvenions plus à différencier l'exigence morale individuelle de la responsabilité politique.

Il est aujourd'hui de bon ton de dénoncer les dérives indigénistes trahissant notre antiracisme universaliste mais nous comprenons maintenant que cet antiracisme-ci était lui-même différent de l'antiracisme originel de l'entre-deux-guerres or c'est notre second antiracisme, qui a muselé toute mise en garde contre nos politiques migratoires irréfléchies. C'est notre antiracisme, qui, en faisant passer l'adoption par le peuple d'accueil pour un dû, a peu à peu diabolisé l'exigence d'assimilation et a rendu celle-ci de plus en plus difficile par l'accroissement des flux d'immigrés. C'est notre antiracisme, qui, en offrant aux minorités immigrées les plus récentes un motif de complainte inattaquable, leur a permis de s'enfermer dans une posture victimaire

---

le négationnisme de Maurice Bardèche, la vente de journaux nationalistes sur la place publique, l'antisémitisme et la xénophobie poujadistes et l'opposition parfois violente du Mouvement Jeune Nation à la société multiraciale.)

haineuse, pour notre malheur et le leur. Nous nous émouvons désormais du succès des idées américaines anti-universalistes en France mais c'est notre antiracisme, qui a progressivement fait ressembler la France aux États-Unis en la transformant en « archipel » multiculturel, avant que l'on ne s'étonnât qu'elle se mît aussi à lui ressembler idéologiquement. C'est notre antiracisme, qui a créé une insécurité juridique telle que des institutions entières et de nombreux citoyens ont préféré se soumettre au chantage des islamistes que de s'exposer à un procès ou à l'opprobre.

Nous n'avons certainement pas voulu tout cela ; nous n'en avons pas moins favorisé l'éclosion. Par une ironie tragique, une idée que nous avions cru ennoblir en l'orientant vers le souci des personnes, a fini par nous rendre insensibles aux malheurs des hommes ; une loi née pour combattre la propagande séditieuse d'un ennemi extérieur nous a désarmés face à la propagande étrangère d'un nouvel ennemi ; un combat qui avait commencé par un souci de la paix civile a fait apparaître, en quelques décennies, selon les mots de notre ancien ministre de l'Intérieur, deux Frances « côte à côte » et peut-être demain « face à face »[7].

---

7. Gérard Collomb, Discours de passation des pouvoirs, 3 octobre 2018.

### Une erreur de bonne foi ?

Nous nous étions voulus bienveillants et notre bienveillance avait été funeste. Nos pères avaient été durs avec les précédentes vagues d'immigrés et nous nous étions crus plus moraux qu'eux en nous épargnant cette tâche éprouvante. Ils avaient assumé leur part de courage ; nous l'avions refusée. Ils avaient compris que l'existence était tragique et que tout choix portait sur un moindre mal ; nous l'avions nié : le malheur n'existait, à nos yeux, qu'à cause des méchants. Dès lors, il n'y avait plus de place que pour un plateau dans la balance de nos jugements. Notre morale enfantine rendait inévitable notre inhumanité car elle était fondée sur la possibilité de solutions sans souffrances. Celles-ci n'existant pas, nous étions forcés, pour sauver notre vision du monde, de nier les maux engendrés par nos choix : notre bienveillance vis-à-vis des criminels ne faisait souffrir aucune victime, notre tolérance vis-à-vis de l'islamisme ne faisait souffrir aucun immigré de culture islamique ni courir aucun risque à la société, notre complaisance avec l'indigénisme et la haine de l'Occident ne faisait souffrir aucun de ceux qui nous aimaient, nous faisaient confiance et dont nous nous efforcions d'ignorer qu'ils étaient accusés, par notre faute, de trahir leur famille, leur clan, leur race.

Nos compromissions avaient-elles au moins bénéficié à ceux à qui nous avions cru nécessaire de nous soumettre ? Si seulement... mais parmi ces

« indigénistes », qui nous haïssaient, combien s'étaient laissés abuser par notre discours lénifiant, leur expliquant que tout l'effort devait venir de la société française et que le racisme pouvait expliquer tous leurs malheurs ? Leur sort était-il, grâce à nous, si enviable ? Cette pauvre jeune femme du roman de Faïza Guène[8], Hannah, qui refusait son statut d'invitée, puis s'étonnait de n'être pas adoptée sans condition par ses hôtes et que rongeaient sa rancune et sa haine, ne souffrait-elle pas, elle aussi, à cause de nous ? C'était en partie notre individualisme, qui lui avait appris que les dettes morales ne se transmettaient pas et qu'elle ne devait rien à la France de la reconnaissance que lui portait sa mère, à qui toute ingratitude semblait étrangère. C'était notre bienveillance mielleuse, à l'inverse, qui lui avait permis, sans objection de notre part, de considérer que les dettes morales se transmettaient tout de même, lorsqu'elles étaient inscrites à l'actif de sa famille, et qu'elles lui permettaient de réclamer insatiablement des excuses aux petits-enfants des anciens ennemis de ses grands-parents. C'était notre repentance, qui l'avait enfermée dans son habitude obsédante d'expliquer tout désaccord avec un Européen par le racisme de celui-ci.[9] Son indigénisme était une souffrance,

---

8. Faïza Guène, *La Discrétion*, Plon, 2020.

9. « "Raciste ? Pas raciste ?" était une activité récurrente des enfants Taleb. Ils y jouaient bien malgré eux. Ils auraient pu créer un concept de jeu télévisé. […] Les enfants Taleb aimeraient ne plus avoir à se poser la question

lui aussi, et n'était pas un rejeton si indigne que cela de notre antiracisme bêlant quoique universaliste : il se croyait innocent, lui aussi ; il ignorait, lui aussi, le tragique.

Nous avons expliqué, dans cette seconde partie de notre « confession », quelles erreurs *intellectuelles* avaient pu nous amener à nous tromper mais ces dernières considérations soulèvent une autre question : nous sommes-nous totalement trompés de bonne foi ? N'étions-nous pas satisfaits de nous croire meilleurs que nos ancêtres en nous contentant d'être moins courageux et plus irresponsables ? Admettons-le : nous n'avons jamais réellement souffert de nos engagements, qui, au contraire, nous valurent souvent les honneurs de victoires sans péril. Doit-on vraiment, au seul hasard, l'heureuse rencontre de nos erreurs et de nos intérêts ? Si nous voulons éviter de commettre à nouveau les mêmes bévues, nous devons aller au bout de notre introspection : n'avons-nous pas aussi été *moralement* fautifs ?

---

Raciste ? Pas raciste ? quand le rapport à l'autre est trouble. Ils aimeraient ne pas perdre tout ce temps, à se demander d'où vient la condescendance qu'on leur manifeste, à faire des liens emmerdants avec leurs origines, ils aimeraient aussi parfois avoir le luxe du déni, ils aimeraient pouvoir ignorer le mépris, comme le fait leur mère, en vérité, ils aimeraient juste que les choses soient plus simples. » (Faïza Guène, *Ibid.*) Ne déformons pas le propos du roman : comme on le constate dans cet extrait, le narrateur (tout comme l'auteur, probablement) semble bien considérer que cette obsession est fondée.

# Troisième partie
## Notre très grande faute

—

## Les causes morales du déni

*Nous ne sortirons pas de notre aveuglement si nous ne poussons pas plus loin notre introspection : nous sommes-nous trompés de bonne foi ou avons-nous d'abord été lâches, cruels et satisfaits ?*

# Chapitre VII

# Notre lâcheté

Dénoncer les compromissions est un bon début mais il est regrettable que nous ayons si peu entendu d'autocritiques – à l'exception notable d'une tribune de Raphaël Glucksmann[10]. Nous ne tirerons aucune leçon de nos erreurs sans un désagréable travail d'introspection : notre examen de conscience.

**Comme à un dîner de famille**

Nous nous demandions, à la fin de l'année 2020, comment nous avions pu croire aux jérémiades hypocrites de militants politiques qui manipulaient nos bons sentiments, alors que tout était sous nos yeux. Voilà qui

---

10. Raphaël Glucksmann, « La gauche est borgne, camarades, juste pas du même œil », *Le Monde*, 29 octobre 2020.

était peu dire : ceux qui se jouaient de nos naïvetés avaient
expliqué leurs motivations profondes et leurs méthodes
dans leurs écrits. Geoffroy de Lagasnerie, l'un des
principaux idéologues du comité Adama Traore, ne cacha
jamais son engagement contre l'institution policière en
tant que telle[11]. Comment, dès lors, pouvions-nous
accorder du crédit aux demandes de réformes exprimées
par son collectif ? Les Frères musulmans, dans leur texte
*Le Projet*[12], découvert en 2001, avaient également exposé

---

11. « Quand un mouvement se dit non-violent, en fait, ce qu'il veut
dire, c'est qu'il laisse le monopole de la violence à l'État. D'un point de vue
holistique, dire : "Je suis non-violent", c'est dire : "Je reconnais à l'État le droit
d'être violent sur moi (le droit de me déloger, le droit de me frapper, le droit de
me mettre en prison) mais, moi, je me désarme par rapport à la violence d'État."
Donc [les mouvements non-violents ou de "désobéissance civile"] ne sont pas
des mouvements qui sont non-violents ; ce sont des mouvements qui sont
favorables à la conservation du monopole de la violence par l'État. Je pense
qu'au contraire, si jamais on veut s'armer par rapport à l'État, recourir à des
formes d'action qui sont plus violentes est une chose importante. [...] On prend
le système beaucoup plus fortement si jamais on se masque, si jamais on agit de
façon cachée, si on agit de façon dissimulée. [...] Je ne vois pas pourquoi la loi
(la volonté de Macron qui se fait loi, la volonté de Sarkozy qui se fait loi) devrait
m'engager donc, quand j'agis, je ne désobéis pas : j'affirme ma volonté, eux
affirment leur volonté et c'est une guerre civile, eux contre moi. Si je me définis
comme non-violent, j'ôte ma capacité de me défaire de la volonté d'autrui. [...]
Une loi est une volonté particulière avec une police et, si nous voulons imposer
notre volonté, nous, nous devons imposer notre forme de police. » (« Geoffroy
de Lagasnerie, philosophe du désordre : "La non-violence, ça n'existe pas" »,
*Par Jupiter*, France Inter, 8 octobre 2019.)

12. Découvert, selon Alexandre de Valle, après les attentats du
11 septembre 2001, lors d'une perquisition au domicile de Youssef Nada,
président de la filiale suisse de la Taqwa Bank à Lugano.

leurs fins et leurs moyens, que des personnalités comme Caroline Fourest dénoncèrent durant des années et qu'Alexandre Del Valle et Emmanuel Razavi décrivirent récemment en détail[13]. Quant aux auteurs de violences gratuites, auxquels nous cherchions tant d'excuses, ils trouvaient en différents rappeurs leurs porte-parole, qui étalaient fièrement leur esprit clanique dans des textes limpides, dont nous élaborions des exégèses alambiquées dans l'espoir de faire émerger de leurs appels au meurtre un sens caché fraternel et tolérant. En réalité, nous savions mais, en public, en particulier face à eux ou à ceux que nous prenions pour leurs représentants, nous nous taisions, pour *ne pas faire de vagues*.

« Ne pas faire de vague. » Soyons honnêtes : cet impératif, que nous avons fini par dénoncer l'année dernière chez les responsables de l'Éducation nationale après la mort de Samuel Paty, nous le connaissons en fait très bien de l'intérieur. Figurons-nous un dîner de famille. L'un des invités – disons : un oncle, on ne le voit qu'aux fêtes, ou peut-être est-ce une vieille tante – est plein d'aigreur. Toute sa famille, croit-il depuis toujours, lui en veut et le persécute. Il n'a jamais rien réussi car personne ne lui a laissé sa chance. N'était-il pas le vilain petit canard de la fratrie ? Lui répondre ne sert à rien : la conversation s'envenime, on se braque et la soirée est gâchée. Cela en

---

13. Alexandre del Valle, *Le Projet*, L'Artilleur, 2019.

vaut-il vraiment la peine ? Alors on a renoncé depuis longtemps. La soirée entame son dernier quart et le voilà qui reprend. On se regarde avec dépit. Soudain, un voisin prend une inspiration. Il s'apprête à lui dire ses quatre vérités. On lui pose discrètement la main sur l'avant-bras. *Arrête. Laisse couler.* Tout le monde comprend. On avait soi-même essayé, l'année dernière de le ramener à la raison. On en avait entendu parler durant toute l'année : « Qu'est-ce qu'il t'a pris ? Tu sais comment il est ! Pourquoi en rajoutes-tu ? *Tu* exagères. » Alors on avait abandonné aussi. Ce n'était pas très charitable pour le vieil oncle mais il était irrécupérable. Il ne faisait de mal qu'à lui-même, après tout, et c'était une grande personne. Fallait-il sacrifier la bienséance à un enjeu aussi dérisoire, dans un combat perdu d'avance ?

Continuons. Au bureau ou entre amis, cette fois, n'avons-nous pas parfois évité de la même manière les ennuis, quand la conversation dérivait vers des sujets polémiques et que nous commencions à sentir le début d'une très légère tension dans les voix ? Était-ce, d'ailleurs, réellement blâmable ? Oui, nous donnions raison aux plus susceptibles pour ne pas troubler la convivialité du repas *mais la cantine de notre employeur n'est pas un plateau de télévision !* Adama Traore ? Nous acquiescions sans réfléchir en entendant qu'il était victime de gendarmes racistes. L'insécurité ? Les violences claniques ? Nous murmurions un petit « oui », quand le plus virulent de la tablée nous expliquait que c'était un fantasme de populistes. Les projets de conquête islamique ? Nous terminions rapidement notre dessert et remontions travailler. *Mais nous étions avant tout soucieux de ne vexer personne !* Alors pourquoi n'avions-nous aucune gêne à évoquer, par exemple, les problèmes de pédophilie dans l'Église, sinon parce que les catholiques étaient moins susceptibles ? Nous n'étions soucieux que de la sensibilité des plus violents. Ce n'était pas de la délicatesse : c'était de la peur.

### La voix des plus bruyants

Cette lâche obsession de la bienséance, que nous avons tous expérimentée à notre niveau, se retrouvait chez les acteurs du débat public et les responsables politiques.

Les entreprises privées, d'abord : « Discours de haine : Décathlon boycotte CNews et retire ses publicités ». Les entreprises adhéreraient-elles, elles aussi, à l'antiracisme bêlant, au point de boycotter une chaîne d'information ? Lisons-donc l'article :

> Le collectif *Sleeping Giants* France a annoncé jeudi soir que le groupe Décathlon retirait ses publicités de CNews (groupe Canal+) pour Noël et songeait à le faire aussi pour l'année 2021.[14]

---

14. « Discours de haine : Décathlon boycotte CNews et retire ses publicités », *La Voix du Nord*, 20 novembre 2020.

« Merci, Décathlon », concluait le message du groupe de pression. L'affaire s'éclaire. Creusons un petit peu plus. Comme CNews, l'hebdomadaire *Valeurs Actuelles* était fréquemment attaqué par ce groupe, *Sleeping Giants*, adepte du *Name and Shame*, pratique consistant à forcer les entreprises à se positionner politiquement par la menace de campagnes de dénigrement. Pour s'en défendre, l'équipe de direction avait donc créé sa propre plateforme, le *Mur de la honte*, faisant connaître aux lecteurs le nom des entreprises qui avaient cédé au chantage. Il est difficile d'obtenir des informations plus précises mais, selon les *Sleeping Giants* eux-mêmes, au moins deux entreprises auraient alors renoncé à leur boycott[15]. Cela signifie-t-il que, derrière la morale affichée, se cachait bien la lâcheté que nous évoquions plus haut : la volonté de ne pas faire de vagues, en donnant raison aux plus bruyants ? Concernant la France, nous ne pouvons en rester qu'à des suppositions mais cette tendance a été étudiée plus en détail aux États-Unis, d'où elle nous vient, notamment par Christopher Caldwell, chroniqueur à la *Claremont Review of Books* et contributeur au *New-York Times* :

> Le rassemblement des multinationales américaines derrière le mouvement « *Black Lives Matter* » a été, pour autant que je sache, unanime – il n'y a pas eu un seul

---

15. « Qu'est-ce que le "mur de la honte" de Valeurs Actuelles ? », *Capital.fr*, 6 décembre 2019.

dissident de premier plan. Ce n'est pas parce que tout le monde a changé d'avis sur les questions raciales exactement au même moment. C'est parce que les lois sur les droits civiques font courir un risque d'amendes et de poursuites à toute entreprise qui crée un « environnement hostile » pour ses employés appartenant à des minorités. Or se montrer « insensible » aux questions raciales – ou en avoir l'air – est perçu comme la preuve d'un environnement aussi hostile. Toutes les grandes entreprises américaines ont donc des départements « ressources humaines » chargés de répondre aux conflits raciaux de telle façon que l'entreprise ne soit pas punie en vertu des lois sur les droits civiques. […] Les opinions des salariés, même privées et personnelles, sont devenues un élément important pour déterminer si une entreprise est fautive ou non.[16]

Bien que solidaire du combat pour les droits civiques, Caldwell relève ainsi les effets pervers du *Civil Right Act* de 1964 liés au zèle de certains fonctionnaires et juges, qui le tiennent dans les faits pour supérieur aux droits constitutionnels comme la liberté d'expression, de religion et d'association.

Ce lâche souci de la « bienséance » se retrouvait chez un autre type d'entreprises privées : nos célébrités. Pour la plupart d'entre elles, la situation était, il faut l'admettre, délicate : se prononcer sur des sujets politiques

---

16. Propos recueillis par Eugénie Bastié, « Pourquoi les grandes entreprises américaines soutiennent toutes "Black Lives Matter" ? », *Figaro Vox*, 24 juin 2020.

n'est pas leur travail. Leur public les apprécie pour autre chose et, autant que possible, elles préféreraient sans doute ne pas s'en aliéner inutilement une partie. À ce souci s'opposent cependant deux autres facteurs : d'une part, les journalistes se plaisent à interroger les artistes, malgré eux, sur des sujets politiques et, d'autre part, une polémique est un moyen comme un autre de faire parler de soi. À supposer que les artistes, influencés par leurs agents, aient à l'esprit des considérations économiques élémentaires, l'arbitrage est plutôt simple : mieux vaut vexer les moins susceptibles, qui ne lancent pas de boycott pour un désaccord politique. Ici encore prévalait donc le plus souvent le désir de ne pas faire de vagues. De surcroît, le but des émissions dans lesquelles ils intervenaient n'était pas de débattre de l'avenir du pays mais de connaître l'invité en le faisant parler de lui : contrairement aux autres intervenants du débat public, les artistes étaient donc rarement contredits lorsqu'ils énonçaient « leurs » idées. Ainsi se faisaient-ils, eux aussi, le porte-voix des plus bruyants, un relai d'autant plus efficace que leur expression politique se faisait dans un contexte des plus favorables.

Nos responsables politiques également, enfin, se firent les chevaleresques défenseurs des plus forts, comme l'illustra admirablement notre ministre de l'Intérieur, Christophe Castaner, le 9 juin 2020. Celui-ci avait alors annoncé que les manifestations de protestation contre les violences et le racisme policiers, quoique interdites pour raisons sanitaires, seraient tolérées en raison de l'émotion mondiale suscitée par la mort de George Floyd, Américain noir tué par un policier américain en Amérique. Cette déclaration avait tout de même suscité l'indignation d'un certain nombre de journalistes et d'internautes, qui y avaient vu un aveu inassumé de la faillite de l'État, celui-ci ayant également renoncé, une semaine plus tôt, à disperser l'immense manifestation organisée illégalement par le collectif « La Vérité pour Adama ». Une « primauté de l'émotion », avions-nous entendu à l'époque. Pourtant, à chaque fois, les responsables qui cédaient à ce chantage sentimental ne cédaient que face aux plus bruyants, qu'ils soient politiquement influents sur leur base électorale ou potentiellement violents. Jamais un président français n'avait envisagé de gracier le gérant d'un bar-tabac ou d'une station-service condamné pour avoir tiré sur un trente-septième cambrioleur. À son égard, nulle émotion irrésistible mais il fallait comprendre nos responsables politiques : personne ne pillait en son honneur, aucune école ne brûlait pour lui, aucun acteur, aucune chanteuse ne se hâtait à son secours et ses comités de soutien n'avaient pas la force de frappe d'organisations subventionnées.

### La loi du plus fort

On comprend donc la part de vice moral, qui sous-tendait l'erreur intellectuelle du *biais de labellisation*, que nous avons évoqué au chapitre IV. En fait de souci des opprimés, nous obéissions essentiellement à notre peur face aux plus agressifs et aux plus susceptibles. Plus précisément : ces deux fautes, l'erreur idéologique et le vice moral, s'entretenaient l'une l'autre. En diabolisant toute déclaration risquant de s'apparenter à la défense des « oppresseurs », nous entretenions nous-même la terreur idéologique que nous subissions. Nous nous désarmions intellectuellement face à ceux qui manipulaient notre naïveté car, dans le fond, nous étions d'accord avec leurs arguments. Nous les leur avions même souvent fournis prêts à l'emploi. Par bêtise et par lâcheté, en nous voulant les défenseurs de tous les opprimés, nous nous prenions pour de bons pasteurs en livrant aux loups nos brebis.

L'une de nos trahisons les plus glaçantes fut probablement le second abandon des harkis, que nous révèle Pierre-François Mansour :

Parallèlement à ces recompositions, un processus de réislamisation du mouvement beur s'opère depuis la fin des années 1980. Le local associatif de la Marche de 1983, dans le quartier des Minguettes, est transformé en mosquée par l'une des principales figures de celle-ci, Toumi Djaïda. Cette réislamisation semble d'abord toucher les enfants de harkis algériens, comme l'explique l'un des participants : « [...] Ils voulaient racheter l'image du père. L'explication, l'image que j'ai, c'est ça : moi, mon père, il a trahi, si je veux que Dieu lui pardonne, c'est en étant un bon musulman ». Par la suite, l'islamisation du mouvement beur s'était accentuée sous l'effet de l'activisme frériste (l'Union des organisations Islamiques en France est constituée en 1983, année de la Marche) alors porté par des étudiants tunisiens, et de l'influence dans la jeunesse du mouvement Tabligh.[17]

Les harkis s'étaient engagés aux côtés de nos pères contre les hommes du FLN durant la guerre d'Algérie, comme nos camarades vietnamiens contre les communistes, pour des raisons d'une noblesse dont nous n'avions pas de raison de douter, comme le raconta le sergent-chef Ngo Van Chieu, Tonkinois qui s'était battu au cri de « Vive le Vietnam Libre ! », à son chef français, qui lui demandait pourquoi il combattait désormais les *moudjahids* :

> Pour que l'Algérie soit elle-même, pour que le Vietnam soit lui-même, on ne peut effacer cent ans de présence française en brandissant le drapeau des Soviets ou l'oriflamme de Mahomet. Les communistes vainqueurs au Vietnam, les musulmans vainqueurs en Algérie, c'est l'âme du peuple que l'on confisque, c'est le choix de l'impossible. Nous sommes un peuple de minorités, auquel une poignée de fanatiques va imposer une solution radicale et définitive. Nous ne voulons pas corriger les crimes ou les erreurs du colonisateur par la dictature d'une faction. Nous voulons être libérés de toutes nos chaînes, nous voulons que le

---

17. Pierre-François Mansour, « La "question décoloniale" et l'islamisme : universités, quartiers populaires et milieu militant », *Les Territoires conquis de l'islamisme* (ouvrage collectif), PUF, 2020.

peuple puisse choisir librement son foyer. Voilà pourquoi je combats l'asservissement en Algérie comme au Vietnam.[18]

On sait à quelles représailles monstrueuses furent abandonnés ces combattants honorables, qui nous avaient fait confiance. Par notre lâcheté, nous les avions, nous, livrés une seconde fois à cette « poignée de fanatiques », qu'ils avaient combattue. Car la honte de leurs enfants – avons-nous conservé ce qu'il faut de compassion et de sens de l'honneur pour considérer avec effroi la honte d'un fils pour son père ? – ne venait pas de nulle part : nous la leur avions inculquée. La condamnation sans nuance de la colonisation, la simplification outrancière des enjeux de la guerre d'Algérie, la dénonciation borgne des seuls crimes de l'armée française passant sous silence les exactions des *moudjahids*, ne se trouvaient pas que dans la propagande du FLN. C'était notre discours dominant. Le discours dominant de l'antiracisme bêlant. Nous faisions mine de battre notre coulpe mais ce n'était pas notre honneur, que nous avions la grandeur d'âme de piétiner : c'était d'abord celui des harkis, qui n'étaient pas assez bruyants – qui étaient trop dignes – pour que nous nous soucions d'eux et qui, s'ils avaient pu imaginer une telle trahison, n'auraient peut-être demandé qu'une chose : que nous ne les dénigrions pas devant leurs fils. Que nous ne les calomnions pas. Que nous ne livrions pas leurs fils aux

----

18. François d'Aulan, « Pour un adieu », *Chant funèbre pour Pnom Penh et Saïgon* (ouvrage collectif), 1975.

fanatiques… mais nous étions trop durs d'oreille : nous n'entendions que les plus bruyants.[19]

Sans nous étendre davantage, rappelons-nous d'autres brebis offertes à d'autres loups : les Kabyles, dont notre Président validait l'ethnocide en annonçant vouloir valoriser l'enseignement de l'arabe à l'école pour satisfaire les immigrés maghrébins[20] ; les habitants des « territoires perdus de la République », que nous livrions aux organisations criminelles, y compris en laissant celles-ci recruter leurs enfants ; les immigrés de culture islamique, que nous abandonnions au contrôle social des plus intolérants d'entre eux[21] ; les Asiatiques de certaines banlieues de grandes villes, dont nous taisions les agressions racistes, rites de passage dans certaines bandes[22] que nous croyions urgent de ne pas stigmatiser ;

---

19. Les choses n'ont pas beaucoup évolué, comme nous l'évoquions au chapitre V : le président Emmanuel Macron a cru bon d'engager un « travail de mémoire » sur la guerre d'Algérie avec le gouvernement algérien. Ce dernier, sans surprise, a rapidement annoncé qu'il voulait en exclure le sort des harkis.

20. « Entretien exclusif : Emmanuel Macron répond à Brut », Brut, 4 décembre 2020.

21. Voir notamment la « théorie des contagions complexes », évoquée par Bernard Rougier dans l'introduction des *Territoires conquis de l'islamisme*.

22. « Si l'appât du gain reste la motivation principale, une autre hypothèse est avancée pour expliquer ces agressions : celle d'un rite de passage. La consigne serait simple : "se faire un Chinois" garantirait son ticket d'entrée dans une bande. "Pour eux, c'est un jeu, un pari. D'où le niveau de violence

les immigrés assimilés, dont nous armions, par notre repentance insatiable, les diffamateurs rancuniers qui les traitaient de « nègres de maison », d'« Arabes de service » : de traîtres à leur race ; et, bien sûr, les Français dans leur ensemble, dont notre lâcheté risquait de livrer peu à peu le pays au chaos.

---

souvent extrême", ajoute la source policière. » (« En Île-de-France, le fléau "négligé" des agressions d'Asiatiques », *L'Obs*, 13 décembre 2019.)

# Chapitre VIII
# Notre conformisme

L'un des moteurs de nos sensibilités électives aux souffrances des hommes, qui faisait le malheur des « sans-étiquette », outre une idéologie erronée, était donc la peur et nous étions lâches. Derrière notre indifférence aux déséquilibres sociaux, culturels, démographiques et derrière notre adhésion à la doctrine de l'antiracisme bêlant se cachait peut-être une autre tare morale : le conformisme. Le conformisme primitif et cruel du lyncheur, le conformisme propret et couard du petit-bourgeois[1] et le conformisme dépassionné, noir d'orgueil, purement égoïste du pharisien.

---

1. Nous utilisons ici le terme « petit-bourgeois » car son sens moral est communément admis mais notons que ce sens est injuste : tout attaché qu'il peut l'être à ses biens matériels et à sa réputation, le « bourgeois », petit ou grand, l'est en partie à cause de ses responsabilités. Il y a dans sa frilosité quelque chose d'éminemment respectable et parfois de plus courageux que l'héroïsme

## Le conformisme cruel du lyncheur

Le 20 décembre 2013, Justine Sacco, 30 ans, s'envole pour la ville du Cap, en Afrique du Sud. Depuis son compte Twitter, elle s'essaie à la provocation humoristique : « Départ pour l'Afrique. Espère ne pas choper le sida. Je déconne. Je suis blanche ! » Le message pourrait passer inaperçu – la jeune femme n'a que quelques abonnés – sans l'intervention de Sam Biddle, « journaliste » pour le site *Gawker*, qui, flairant la proie facile, livre la pauvrette au lynchage, en diffusant son message auprès de ses 15 000 abonnés. Les internautes s'en donnent rapidement à cœur joie :

> Le compte de Justine Sacco passe de 170 à 8 000 abonnés en quelques heures. Le lynchage rassemble tout type de personnes : des philanthropes qui en profitent pour donner de l'argent aux associations de lutte contre le sida, des anti-racistes indignés, ou encore Donald Trump, alors simple homme d'affaires, qui n'en rate pas une pour donner son avis.[2]

Avant la fin de son vol de onze heures, son courageux employeur, qui a eu vent de l'affaire, condamne ses propos sur Twitter, attisant la soif de sang de la meute

---

insouciant de la jeunesse, comme le rappelle *La mort – petite et grandiose – du petit-bourgeois* de Franz Werfel.

2. « Justine Sacco, histoire d'un lynchage en ligne », *Le Point*, 13 février 2018.

antiraciste : « On est sur le point de voir cette salope de Justine Sacco se faire virer en temps réel, avant qu'elle ne le sache elle-même », se réjouit un justicier anonyme. En effet, son employeur n'attend pas de savoir ce qu'a à dire la jeune femme pour sa défense et s'en sépare en quelques heures. Admirable sens du devoir… Que dirait-elle, si on l'interrogeait ? Probablement ce qu'elle dira plus tard à un journaliste : « Le fait de vivre en Amérique nous place dans une sorte de bulle vis-à-vis de ce qui se passe dans le tiers-monde. C'est de cette bulle que je me moquais. » Ou peut-être ne dirait-elle rien du tout car elle pleure alors « sans interruption pendant vingt-quatre heures. [C'est] traumatisant. On ne dort plus. On se réveille en pleine nuit sans savoir où on est. Tout à coup, on ne sait plus ce qu'on est censé faire. »

Cette affaire est devenue un cas d'école, repris par Jon Ronson dans son livre *La Honte*[3]. Derrière les claviers du lynchage : des philanthropes, des antiracistes, qui ont probablement dormi, les nuits suivantes, du sommeil du juste. Cette histoire nous choque, la cruauté de ces internautes nous répugne mais c'est notre antiracisme, qui les avait armés. Le film *La Chasse*, de Thomas Vinterberg, raconte l'histoire d'un homme accusé à tort de pédophilie et qui est soudain rejeté, menacé, agressé. Il est probable que les harceleurs de Justine Sacco qui ont vu ce film l'ont

-----

3. Jon Ronson, *La Honte*, éditions Sonatine, 2018.

apprécié le cœur léger et, loin d'y voir décrit leur propre comportement, ont jugé sévèrement ces voisins cruels. Plus encore ont-ils sans doute fustigé le racisme aveugle de la foule haineuse désireuse de lyncher un noir accusé à tort de viol, dans *Ne tirez pas sur l'oiseau moqueur* de Harper Lee ou sa belle adaptation pour le cinéma par Robert Mulligan. *Quelle barbarie !* Ces foules fictives sont inexcusables : elles sacrifiaient la présomption d'innocence à des bagatelles. Quoi ? Pédophilie ? Viol ? La cause de notre foule d'internautes était bien plus grave : une jeune fille avait commis une plaisanterie *peut-être* raciste. Lui laisser l'occasion de se défendre, c'eût été justifier les idées nauséabondes qui, *peut-être*, l'avaient motivée. Il fallait une justice sévère et immédiate : plutôt condamner dix innocents que de se hasarder à épargner un coupable de racisme.

L'homme ne change pas. Les mœurs et les lois encadrent ses passions mais donnez à la foule un blanc-seing moral et elle retrouvera sur-le-champ sa sauvagerie originelle. L'antiracisme n'est pas, en soi, une cause plus dangereuse qu'une autre mais l'interprétation simpliste et le caractère sacré que nous lui avions attribués, par la doctrine de l'antiracisme bêlant, en avaient fait une arme dévastatrice : elle nous permettait de maquiller à leur avantage nos instincts les plus méprisables, de prendre notre cruauté pour de la morale, de nous rêver en justes, quand nous redevenions des primitifs hurlant d'une seule voix hideuse devant le sacrifice du bouc-émissaire, une foule hilare autour du corps du supplicié.

Valions-nous dès lors beaucoup mieux que les internautes musulmans qui posèrent une cible sur Samuel Paty, en relayant une vidéo calomnieuse ? Ils ignoraient sans doute qu'il serait décapité ; nous savions que Justine Sacco serait licenciée. Dans le sixième épisode de la série télévisée *Black Mirror*[4], le scénariste britannique Charlie Brooker, inspiré par notre tendance au lynchage en ligne, nous avait imaginés capables de poursuivre ce harcèlement tout en sachant que nos cibles seraient assassinées par un mystérieux justicier. Aurions-nous été capables, comme nos avatars de fiction et comme nos ennemis réels, d'assassiner par mots-clefs sur les réseaux sociaux ? Peut-être. Rappelons-nous l'affaire *negru*[5] : « Face au racisme, il m'étonne que vous attendiez. »

Nous étions des sauvages.

### Le conformisme couard du petit-bourgeois

La satisfaction conformiste est le pendant timide et quotidien de la satisfaction cruelle et primitive du lyncheur. Le lynchage est l'exception qui ragaillardit, il est

---

4. Charlie Brooker (scénariste) et James Hawes (réalisateur), Saison 3, Épisode 6, « Haine virtuelle » (*Hated in the Nation*), *Black Mirror*, 2016.

5. Voir note n°2 du chapitre II.

le jour de fête ; la satisfaction conformiste est la vie quotidienne illuminée par le sacrifice ponctuel du bouc-émissaire, elle est le temps ordinaire. Nous suivions tranquillement la piste, en essayant de ne pas déraper et sortir des clous malgré nous. Progressivement, elle se resserrait. Nous pestions courageusement : « On ne peut plus rien dire », en prenant garde de le faire avec assez de légèreté pour pouvoir, le cas échéant, freiner des quatre fers et rentrer dans le rang : « Enfin je dis ça… bien sûr, heureusement, qu'on ne peut plus le dire ». Parfois, nous doutions peut-être : n'avions-nous pas été lâches ? Alors la meilleure manière de nous rassurer était de hurler avec la foule contre un arbitre de football ou une internaute imprudente, sortis des clous eux-aussi, peut-être sans le vouloir, mais que les chiens avaient pris en chasse. La chaleur grégaire de la meute nous rassurait. Nous avions raison, puisque nous étions ensemble. Ce n'était pas par lâcheté, que nous avions cédé : tant de monde ne pouvait pas se tromper en même temps.

> Mais une fois qu'ils ont cédé, ils sont forcés de se regarder dans un miroir et n'ont pas envie de se voir comme des couards. Ils finissent donc par se convaincre qu'ils croient à ce qu'ils ont dit[6],

écrit Bret Weinstein, qui a vécu la prise de pouvoir par les intersectionnels dans l'université américaine

---

6. « Tant qu'on n'affronte pas la gauche *"woke"*, on ignore combien elle est dangereuse », *FigaroVox*, 17 décembre 2020.

d'Evergreen. En l'absence de réelles convictions morales, nous étions ballotés par nos craintes, nos pulsions et nos hontes inavouables.

En 2011, Christian Smith publia les résultats d'une enquête sur la vie morale des jeunes adultes américains. On y découvrait notamment qu'une grande partie d'entre eux n'avait pas de principes définis sur lesquels fonder ses choix moraux :

> Je n'ai pas d'autre moyen de déterminer ce que je dois faire, moralement, que de voir ce que je ressens intérieurement. C'est de là que viennent mes décisions. De moi, de l'intérieur de moi-même.[7]

Les autres témoignages évoquaient l'absence d'autorité morale extérieure éditrice de normes. N'y aurait-il pas là l'une des causes de notre confusion morale ? De notre enfermement dans l'instinct grégaire ? Bien sûr, cette étude ne concernait que les 19-23 ans – qui ont donc aujourd'hui 29 à 33 ans – et non toutes les générations responsables de nos aveuglements mais y a-t-il eu une rupture si nette entre cette génération et les précédentes ? L'absence de normes morales extérieures ne parle-t-elle pas à tout Français assez jeune pour ne pas avoir eu plus de 20 ans en mai 68 ? La critique de la morale

---

7. « I have no other way of knowing what to do morally but how I internally feel. That's where my decisions come from. From me, from inside of me. » (*Lost in Transition: The Dark Side of Emerging Adulthood*, Christian Smith, 2011).

que cette génération avait portée venait probablement en partie d'une révolte justifiée contre une morale embourgeoisée, gangrénée par le souci des apparences et le ressentiment. Écœurée par une posture morale hypocrite, une partie de la jeunesse avait alors rejeté en bloc l'idée même de morale objective et n'avait conservé qu'une « morale » subjective, fondée sur l'intuition. Elle avait jeté l'enfant avec l'eau du bain. Sans référence morale objective, le sens moral perd les normes qui lui permettent de discerner parmi les passions qui le nourrissent et dont il devient alors l'esclave : la fierté, la culpabilité, la honte mais aussi la gêne, la rancœur, la peur du qu'en-dira-t-on.

Alors ? Avons-nous toujours obéi à une exigence morale ou avons-nous parfois simplement cédé au conformisme ? Nous avions un Comité consultatif national d'éthique, tout de même ! Dans *L'Archipel Français*, Jérôme Fourquet, directeur du département « opinion et stratégies d'entreprise » de l'institut de sondages IFOP, commente la doctrine de ce comité, énoncée par son président :

> Alors que cette instance a vocation à définir ou à convoquer morale ou éthique, son président se contente ainsi de suivre le mouvement. Pour lui, le rôle du CCNE est notamment de s'enquérir de ce que « la science pense et de ce qu'elle a envie de faire bouger […]. On a une société qui évolue, il y a donc une série de valeurs qui peuvent évoluer.

La notion de valeur est relative. Il n'y a pas de valeur absolue. »[8]

Adapter la morale à l'air du temps : morale ou conformisme ? Nous allions plus loin : nous *nous donnions pour principe* d'adapter notre morale à l'air du temps : morale *du* conformisme.

### Le conformisme dépassionné du pharisien

La satisfaction primaire du lyncheur est grégaire, vive et ponctuelle. La satisfaction timide du petit-bourgeois est diffuse mais inquiète : *et si, bientôt, la lame s'abattait sur moi* ? La satisfaction la plus apaisée est celle qui, égoïste et orgueilleuse, est sûre d'être toujours du côté du manche. Céder à la peur ou à la haine est regrettable mais c'est céder à des passions. Autant dire : « être faible ». C'est encore relativement excusable, si tant est, une fois qu'on en prend conscience, que l'on essaie de se renforcer, de se contraindre à ne plus tomber dans les mêmes travers. Plus noir, plus condamnable était cet égoïsme pur, dépassionné… inexcusable.

Pour bien comprendre ce dernier moteur moral de nos compromissions, intéressons-nous à un cas concret : notre défense spontanée du mouvement *Black Lives Matter*. Spontanée : non pas l'engagement des entreprises

---

8. Jérôme Fourquet, *L'Archipel français*, Points, 2019.

privées américaines, qui y était contraintes, ni celui des dîners de familles où, pressés de nous exprimer à ce sujet, nous nous rangions à l'opinion la moins dangereuse, mais la prise de parole totalement libre et pleine d'autosatisfaction, quand on ne prend aucun risque à se taire.

La question des violences policières aux États-Unis est en effet un problème complexe. Dans l'évaluation de chaque affaire, il faut se poser au moins trois questions : 1. Le policier mis en cause a-t-il respecté son protocole ou l'a-t-il enfreint ? S'il l'a enfreint, il est possible que l'on ait affaire à une bavure raciste. S'il l'a respecté, c'est peut-être le protocole (et, plus largement, la formation technique de policiers), qu'il faut critiquer. 2. Si le protocole est en cause, ce protocole est-il trop permissif pour les policiers (il préconise de tirer trop facilement) ou cette permissivité est-elle justifiée par la violence de la société ? 3. Si le protocole est justifié par la violence de la société, peut-on néanmoins limiter le nombre de bavures, par exemple en formant mieux la population à bien réagir lors d'une interpellation ? Deux affaires peuvent illustrer cette réflexion.

La première s'est déroulée en janvier 2016, dans l'Arizona. Après l'appel d'un voisin, qui avait vu deux hommes manipuler un fusil-mitrailleur (en fait une arme factice tirant des billes de peinture), la police était intervenue et un extrait glaçant des images enregistrées par la caméra corporelle de l'un des agents choqua le pays entier : après avoir mis en garde l'un des hommes qu'il voulait interpeler et qui semblait bien trembler de peur, puis lui avoir demandé de s'approcher de lui à quatre pattes, le policier, voyant l'individu ramener une main vers son dos, lui avait tiré subitement cinq balles dans le corps.[9] Des militants des droits civiques et toutes sortes de personnalités dénoncèrent alors une exécution sommaire et critiquèrent l'impunité des policiers. Or, comme la légitime défense, la pertinence du degré de violence mis en œuvre par la police se juge à la perception qu'ont, du danger, les agents au moment de la prise de décision et aux efforts mis en œuvre en amont pour ne pas se trouver dans une situation ambiguë. Mettons-nous donc quelques instants dans la peau de ce policier. Appelé pour interpeler deux hommes supposément équipés d'armes de guerre, il se trouve confronté à un homme apparemment apeuré qui n'obéit pas scrupuleusement à ses ordres. (*Est-il vraiment apeuré ? Est-ce une ruse ? Agit-il sous l'emprise d'une drogue ?* se demande sans doute le policier.) Tout à coup, l'homme porte la main à sa ceinture. Par réflexe car son pantalon glisse ? Pour y attraper une arme ? Le policier n'a qu'une fraction de seconde pour prendre une décision. En réalité, prendre une décision réfléchie en un laps de temps si réduit est impossible. Sa décision est déjà prise et il l'a

---

9. « From 2017: Video Shows Daniel Shaver Pleading for His Life Before Being Shot by Officer », *NYTimes.com,* 9 décembre 2017. Les images du drame sont attachées à l'article.

annoncée dès le départ à l'homme sur qui il va tirer : s'il n'obéit pas précisément à ses instructions, il sera abattu. C'est à cela que servent les protocoles.

Une seconde affaire[10], datant de la même année, peut nous éclairer sur la réaction des policiers dans ce genre de drame. Ici encore, la caméra corporelle de l'agent permet de visionner l'ensemble de la scène. Elle ne dure que quelques minutes : le jeune policier, appelé pour des tentatives de vol à l'arrachée, repère le suspect, sort de sa voiture et lui demande de s'arrêter ; le suspect continue sa marche, une main tenant son téléphone à l'oreille et l'autre enfoncée dans la poche de son blouson. Le policier insiste, le menace d'utiliser son pistolet à impulsion électronique ; le suspect le regarde mais ne s'arrête pas. – Soyons honnêtes un instant : si le jeune agent tire, ne sauterons-nous pas sur l'occasion pour dénoncer les violences policières, avec l'autosatisfaction répugnante des humanistes de salon ? – En l'occurrence, il ne tire pas. Peut-être parce qu'il sait comment nous réagirions, peut-être à cause de nous, il hésite encore quelques secondes. Soudain, le suspect sort un revolver de sa poche et le décharge sur lui ; les balles lui brisent deux os et lui perforent la jugulaire ; paniqué, voyant son sang lui sortir par la gorge, le jeune policier court en hurlant se réfugier dans sa voiture ; avec son bras encore valide, il allume sa

---

10. « Cop's glasses camera captures shooting up close in S.C. », CBS News, 11 août 2017.

radio et demande du renfort au répartiteur, puis : *Dites à ma famille que je les aime…* C'est le matin du premier janvier en Amérique, à l'heure où, en France, nous trinquons encore à la nouvelle année et à notre bonne conscience.

Bien sûr, les Français n'ont aucun pouvoir sur la politique américaine et nous n'avons choisi ces exemples lointains que parce qu'ils illustraient pertinemment notre réflexion. Cependant, si nous avions été réellement soucieux de voir se régler le problème des bavures policières aux États-Unis, nous aurions tenu compte de cette complexité or nous la négligions : elle ne nous était d'aucun intérêt car – c'est ici que nous voulions en venir – notre explication réductrice de l'existence du mal par l'action de méchantes gens n'était pas uniquement stupide : elle était aussi très flatteuse.

Il est difficile d'être vertueux car les vertus sont des dispositions de l'âme *qui se travaillent* et qui nous font souvent défaut. Notre philosophie simpliste, en revanche, nous permettait d'être satisfaits de nous-mêmes à moindre frais : ce n'étaient plus les *vertus*, qui définissaient pour nous la qualité d'un homme, mais les *valeurs*. Or, comme l'écrivait récemment René Chiche, un professeur de philosophie désabusé, sur la plateforme Tweeter : « Être de gauche, de droite ou n'être ni l'un ni l'autre ne sont pas des vertus. L'honnêteté est une vertu. Le courage est une vertu. La justice est une vertu. Dès qu'on estime quelqu'un pour ses opinions au lieu de ses vertus, la démocratie se transforme en tyrannie. »[11] Complétons : *et la morale en supplétif de l'orgueil.* Notre philosophie morale nous disait justement tout le contraire. S'il y avait des morts aux États-Unis, ce n'était pas en raison d'une situation complexe (il aurait alors fallu être honnête, studieux, courageux – en un mot : vertueux – pour proposer des solutions) mais à cause de la mauvaise volonté des méchants. Le monde se divisait en deux et nous étions, sans effort, dans le camp des gentils, du nombre des élus.

Nos principes erronés nous permettaient ainsi, à peu de frais, de nous prendre pour des justes, quand nous n'étions que lâches, cruels, égoïstes et orgueilleux, moyennant le sacrifice négligeable de quelques victimes expiatoires. Quant à l'étiquette distinguant les nobles causes, nous la collions aussi sur nous-mêmes. Défendre des « opprimés », fussent-ils des mafieux terrorisant la population de leur territoire ou les agents d'une idéologie impérialiste, faisait de nous des « défenseurs des opprimés », qui achetions notre conscience au prix du sang de leurs victimes.

Un dernier mystère nous reste à éclaircir : comment avons-nous pu croire, tant d'années durant, à nos propres mensonges et en convaincre tant de monde aussi longtemps ?

---

11. Tweet, 10 août 2018. Peut-être l'a-t-il aussi écrit dans un livre mais nous ne l'avons lu que sur cette plateforme, qui, par ses contraintes de forme (280 caractères) suscite parfois de beaux aphorismes.

# Chapitre IX

# Notre intelligence compromise

*L'arrêtducrime est la faculté de s'arrêter net, comme par instinct, au seuil d'une pensée dangereuse. Il inclut le pouvoir de ne pas saisir les analogies, de ne pas percevoir les erreurs de logique, de ne pas comprendre les arguments les plus simples, s'ils sont contre l'Angsoc. Il comprend aussi le pouvoir d'éprouver de l'ennui ou du dégoût pour toute suite d'idées capable de mener dans une direction hérétique. Arrêtducrime, en résumé, signifie stupidité protectrice.*

– George Orwell, *1984*

Nos principes erronés entretenaient donc et justifiaient notre lâcheté, notre cruauté et notre autosatisfaction, qui avaient originellement motivé leur adoption. Ils nous poussaient à une dernière faute : nous manquions au devoir de vérité. Ici encore, la frontière est poreuse, entre ce qui relevait de la faute morale (nous avions pris un mauvais pli) et ce qui relevait de l'erreur intellectuelle (nous croyions sincèrement *devoir* le faire).

## La justification *a posteriori*

Intéressons-nous d'abord à la faute morale. Comme nous l'avons vu, nous nous faisions un avis avant toute réflexion, guidés par la peur, la cruauté et l'orgueil. Nous ne voulions pas nous l'admettre et, par conséquent, nous cherchions à nos actes des justifications *a posteriori*. Nous ne cherchions pas des arguments pour trouver la vérité mais pour appuyer une idée préexistante, ce qui expliquait sans doute notre faible exigence : nous nous jetions sur tout argument allant dans notre sens.

Rappelons-nous l'exemple déjà évoqué de l'étrange unanimisme dans la dénonciation sans concession de l'arbitre de football roumain dont le principal tort avait été de ne pas parler français. Après avoir obtenu des éclaircissements linguistiques (*negru*, « *noir* », n'avait aucun caractère péjoratif en roumain), nous avions maintenu notre indignation, en affirmant qu'il était inadmissible de désigner quelqu'un par sa couleur de peau. L'un des aspects les plus troublants de cette affaire, comme dans le cas des *blackfaces*[1], était ainsi que, du jour au

---

1. Grimage caricatural utilisé par des comédiens américains au XIXe siècle et dans la première moitié du XXe, pour se moquer des Afro-Américains. L'expression servait désormais à accuser de racisme toute personne utilisant un maquillage noir, en l'identifiant artificiellement à l'époque de la Ségrégation américaine : un joueur de football rendant hommage aux basketteurs noirs américains ou une chaîne de télévision grimant un témoin pour assurer son anonymat étaient ainsi présentés comme des preuves d'un racisme banalisé.

lendemain, nous nous mettions à affirmer qu'il s'était toujours agit là d'actes notoirement racistes. Insoutenables, même. Nous ne le questionnions pas car connaître la vérité ne nous importait pas tant que de justifier *a posteriori* notre indignation grégaire. Le même phénomène s'était observé lors de la polémique des prénoms. Le journaliste Éric Zemmour avait insisté sur l'importance des prénoms dans le processus d'assimilation des immigrés et de leurs descendants et l'entrepreneuse Hapsatou Sy s'en était bruyamment indignée. Jusqu'alors, l'importance des prénoms était si peu questionnée qu'elle constituait un domaine d'étude socio-historique à part entière – l'anthroponymie – comme le rappelle Jérôme Fourquet dans son livre *L'Archipel Français* :

> [Les historiens] avaient parfaitement décelé la vertu heuristique de l'analyse des prénoms. John Dickinson écrivait ainsi : « Le prénom est un marqueur culturel. Il est partie intégrante d'un complexe sociologique, qui renvoie à des sensibilités régionales (ou nationales), à des logiques familiales, à des modèles de conduite, à des genres de vie. Par voie de conséquence, les transformations de la prénomination se présentent à nous comme un élément notable et un indicateur précis des changements vécus par une société »[2].[3]

---

2. John Dickinson, « La prénomination dans quatre villages de la plaine de Caen. 1670-1800 », *Annales de Normandie*, n°1, 1998.

3. Jérôme Fourquet, *L'Archipel français*, Points, 2019.

Comme pour l'affaire *negru* et les *blackfaces*, nous nous étions pourtant soudainement mis à considérer que les prénoms ne voulaient rien dire, que cela était depuis toujours absolument incontestable et que l'attention qu'on leur portait était nauséabonde. En 2010, déjà, un haut fonctionnaire avait affirmé à propos de déclarations similaires d'Éric Zemmour sur l'importance des prénoms : « Sur le fond, ce qu'il dit le fait reculer de mille cinq cents ans, c'est scandaleux. La vraie intégration, c'est quand les catholiques appelleront leur enfant Mohamed, là, oui, c'est plus intéressant. »[4] « *Virtue signaling* », disent les Anglo-Saxons…

Nous avions également développé une sorte de mécanisme de défense, qui nous permettait globalement de justifier sans effort chacune de nos compromissions : l'argument de la culture. Cet argument nous venait sans doute de la mauvaise compréhension d'une maxime très juste : « le racisme naît de l'ignorance ». Cette maxime a un sens dont la vérité est incontestable : on ne peut faire preuve de racisme qu'envers une personne que l'on n'a pas pris la peine de connaître vraiment. Une fois qu'on la connaît, qu'on l'apprécie ou non, ce n'est plus en raison de sa race mais de sa personnalité propre : le racisme disparaît. Le problème venait de ce que nous comprenions cette maxime de travers : l'inquiétude vis-à-vis de l'islam, de

---

4. Martin Hirsch, *News Show*, Canal Plus, 1er juillet 2010.

l'insécurité, de l'immigration incontrôlée, la perte de repères existentiels, etc., que nous qualifiions de « racistes » nous semblaient alors tous provenir de l'inculture. Nous n'opposions donc pas à ces inquiétudes légitimes des arguments directs – pas plus, d'ailleurs que ne réfléchissions à des solutions aux problèmes qui les suscitaient – mais des sortes de démonstrations de force destinées à convaincre notre interlocuteur de son ignorance et donc du caractère infondé de son opinion. À l'en convaincre et à nous en convaincre nous-mêmes. À l'en convaincre ou de se taire.

Ainsi, en 2008, un présentateur de la chaîne *Arte* crut bon de conclure la présentation d'un reportage sur les origines de l'humanité[5], qui avait mis l'accent sur les mouvements de populations, par cette considération tout à fait hors de propos : « On comprend donc l'inanité des débats sur l'immigration. » Bien sûr, l'existence de migrations à l'échelle de dizaines de milliers d'années n'avait absolument rien à voir avec l'arrivée d'une population provenant d'une autre ère civilisationnelle en quelques décennies[6]. Cette référence appuyait en réalité un argument d'autorité, que nous pourrions reformuler ainsi : « Constatez ma culture encyclopédique et taisez-vous. »

---

5. Townsley Graham, *Aux origines de l'humanité*, 2009.

6. 18,8% de prénoms musulmans parmi les nouvelles naissances en 2016, contre 8% vingt ans plus tôt, selon Jérôme Fourquet, *ibid.*

Le soir de Noël, l'année dernière, France Culture réchauffa une autre variante de ce même argument d'autorité, en republiant un ancien article sur son mur Twitter : « Il y a plus de mots arabes que gaulois dans la langue française »[7]. Souvent utilisée comme objection à l'inquiétude face aux demandes pressantes de l'enseignement de l'arabe à l'école, cette semi-vérité était bien sûr elle aussi tout à fait hors-sujet : non seulement ces cinq cent mots constituaient un apport mineur qui ne changeait rien à la structure de la langue novolatine qu'est le français (grammaire, syntaxe, phonétique, etc.) mais encore ils ne disaient évidemment rien de l'existence ou de l'inexistence de velléités impérialistes utilisant l'arabe comme vecteur de *soft power*. Ce sophisme, comme celui de l'histoire longue des migrations, entourait cependant nos *a priori*, voire nos compromissions, d'une aura de respectabilité qui nous permettait de clore la discussion sans argumenter : Vous ne connaissez rien à la culture arabe, à l'islam ni à l'histoire multiséculaire des relations entre Orient et Occident, c'est pour cela que vous êtes inquiets car « le racisme naît de l'ignorance ».

Les quelques sophismes que nous venons de présenter et qui comptaient parmi les plus grossiers nous permettaient ainsi, parmi d'autres, de justifier *a posteriori*

---

7. Ouafia Kheniche, 18 décembre 2017, republié sur Twitter le 25 décembre 2020.

nos renoncements[8], voire d'en faire des marques de *standing* nous distinguant des vulgaires « racistes ».

## Le devoir de fausseté

Il serait cependant injuste de considérer que nous ne mentions que par lâcheté. Aussi fou que cela puisse paraître, nous croyions aussi parfois sincèrement qu'il en allait de notre devoir. Souvenons-nous :

> Tous les noms avaient été changés – ce qu'on fait régulièrement, parce qu'on n'a pas encore le nom des personnes qui ont pratiqué la tournante, elles n'ont pas encore été identifiées – et c'était tous des Alain, des Frédéric, des Marcel, des Maurice, sauf qu'en réalité, c'était tous des Mohamed, des Ahmed… Et la presse bien-pensante de dire : « Ah, quand même, si on les caractérise… » […] On ne donne pas [ces détails] pour éviter au populisme de se réveiller.[9]

Notre zèle à cacher certaines réalités ne venait en effet pas que de faiblesses morales que nous cherchions à maquiller en les justifiant *a posteriori*. Sur le plan

---

8. Notre souci de la vérité était si faible que le « *fact-checker* » de *Libération*, pour rejeter la thèse de l'existence d'une police de la Charia, à la suite de l'agression du jeune Marin, n'avait pas hésité à se fonder sur les seules déclarations de l'avocate de l'agresseur pour nier toute motivation religieuse, ce qui, convenons-en, pour un enquêteur de sa trempe, était un petit peu léger. (Cf. Chapitre VI, note n°7).

9. Jean Quatremer, *28 Minutes*, Arte, 14 janvier 2016.

intellectuel, notre compréhension naïve de l'histoire nous convainquait que la seule cause des grands drames était l'existence d'idées égoïstes et non le contexte entraînant leur naissance. Par conséquent, nous nous croyions tenus, non pas de décrire la réalité, mais de lutter contre ces idées par tous les moyens. Plus la réalité devenait alarmante, plus elle risquait à nos yeux de susciter des idées coupables et plus nous croyions nécessaire de la dissimuler. Autrement dit, plus le danger était grave, plus il fallait le taire. Plus le mensonge était gros, plus il était moral.

Cette perversion de nos valeurs morales expliquait sans doute cette étrange obsession dans le déni, même et surtout des réalités les plus évidentes : il n'y avait pas de lien entre immigration et terrorisme ni même entre islam et terrorisme islamique, la sur-délinquance africaine et maghrébine n'existait pas et s'expliquait d'ailleurs par les discriminations, etc.

L'un des outils de ce déni consistait à changer imperceptiblement de sujet. Jérôme Fourquet, auteur de *L'Archipel français*, évoquait cette attitude dans un entretien récent :

> Le débat sur l'immigration tel qu'il est abordé par ceux qui défendent le bien-fondé de ce phénomène ou qui relativisent ses effets sur la société française porte la plupart du temps sur les flux d'entrées annuels qui sont présentés comme tout à fait « gérables » et « absorbables ». Mais, quand on parle d'immigration aux Français, beaucoup d'entre eux raisonnent non pas seulement sur les « flux »

mais sur le « stock ». Nombre de nos concitoyens constatent empiriquement que la composition démographique de la population de leur quartier ou de leur ville a changé significativement depuis une vingtaine d'années. De fait, comme nous l'avons montré dans notre livre, près de 19% des enfants qui naissent aujourd'hui en France reçoivent un prénom arabo-musulman.[10]

Le discours sociologique, pour peu qu'on l'arrangeât un petit peu, se prêtait particulièrement bien à ce type de détournement car ses objets d'étude sont souvent familiers du discours commun. Arrêtons-nous un instant sur ce *sophisme du sociologue*. Cette science, comme toute science, doit, pour travailler, commencer par définir son objet[11]. L'analyse peut être tout à fait rigoureuse ; si cet objet est désigné par un mot qui recouvre un sens différent dans le langage courant, l'étude sera trompeuse. C'est le phénomène que décrit Jérôme Fourquet : une étude très honnête sur l'immigration fera ressortir une proportion stable d'*immigrés* dans la société française, au sens de « personnes nées étrangères à l'étranger et résidant en France »[12] mais ce n'est pas à ce chiffre, que pensent les Français qui, quand ils s'inquiètent de la part croissante

---

10. Jérôme Fourquet, « Pour une majorité de Français, le pays ne peut plus accueillir de nouveaux arrivants », *Figaro Vox*, 15 novembre 2020.

11. Le lecteur pourra retrouver quelques précisions à ce sujet au début de notre chapitre III.

12. Définition utilisée par l'INSEE et adoptée par le Haut Conseil à l'intégration.

d'*immigrés* dans la société française, entendent par-là, le plus souvent, « toute personne d'origine étrangère et inassimilée à la culture et à l'identité françaises », définition incluant les descendants d'immigrés inassimilés. En l'occurrence, cette définition est, à strictement parler, incorrecte[13] mais, puisque c'est le sens qu'elle a pris dans le langage courant, il faut en tenir compte lorsque l'on fait connaître les résultats d'études statistiques au grand public et il ne faut pas répondre aux inquiétudes des Français quant à la part croissante d'« inassimilés » par des données sur le nombre d'immigrés : mentir en jouant sur les mots n'en est pas moins mensonger.

Lorsqu'il ne nous était plus possible de nier la réalité, demeurait un dernier recours, qui nous rappelle aujourd'hui que nous obéissions bien à la logique de l'antiracisme bêlant : nous ne niions plus le phénomène mais le valorisions. Ce n'était pas par malice, après tout, que nous fermions les yeux mais pour endiguer l'avancée des mauvaises pensées. Si nous ne pouvions plus nier les réalités qui risquaient de les susciter, il ne nous restait qu'à nous convaincre que ces réalités étaient en fait souhaitables, anodines ou que nous n'y pouvions plus rien et qu'il fallait nous y résigner joyeusement. C'est ce que fit

---

13. Incorrecte, non pas parce que la sociologie l'aurait décidé (ce n'est pas aux scientifiques de fixer le sens des mots dans la langue courante), mais parce que le terme « immigré » suggère que l'on a soi-même migré.

ainsi notre Président, le 2 octobre 2020, en annonçant son projet de lutte contre « les séparatismes » :

> Il n'y aura pas de réussite du projet que j'évoquais depuis tout à l'heure si nous ne connaissons pas mieux, si nous ne comprenons pas mieux les civilisations qui de fait cohabitent sur notre sol compte tenu de ce qu'est aujourd'hui le peuple français.[14]

Les Français découvraient soudainement, au détour d'une phrase, qu'il fallait désormais, après des années de déni, se faire à l'idée qu'une partie de la population de leur pays appartenait à une autre civilisation ; qu'elle était néanmoins une composante intégrante de leur peuple ; et qu'ils allaient devoir unilatéralement faire l'effort de mieux la connaître, pour s'en mériter la bienveillance. Pensons-y un instant : la même phrase, énoncée sur le ton de la mise en garde, n'aurait-elle pas été qualifiée de nauséabonde ? La vérité ne comptait pas : nous étions d'accord pour dire que cet état de fait était faux ou qu'il était souhaitable. Ce que nous niions, c'était qu'il fût à la fois vrai et regrettable car il fallait endiguer la haine.

Enfin, en dernier recours, nous disposions bien entendu de la possibilité de mettre fin au débat par un appel à la décence selon quelques figures prédéfinies : cordon sanitaire, valeurs républicaines, champ républicain (dont il

---

14. « Discours du président de la République sur le thème de la lutte contre les séparatismes », 2 octobre 2020.

ne fallait pas sortir), jeu de l'extrême droite (qu'il ne fallait pas « faire »), terres de l'extrême droite (sur lesquelles il ne fallait pas marcher), etc.

## Le point de non-retour

Cette compromission intellectuelle fut néfaste pour trois raisons : 1. Elle nous empêcha de nous pencher sur des sujets essentiels pour notre pays, 2. Elle nous désarma intellectuellement face à nos ennemis existentiels, 3. Elle rend aujourd'hui plus difficile notre remise en question.

Le premier problème se trouve évoqué dans l'extrait de l'introduction aux *Territoires conquis de l'islamisme* que nous avons déjà cité. Bernard Rougier y explique que nous avions privilégié de fausses explications de la radicalisation islamiste « au motif louable de ne pas fournir à l'extrême droite des arguments supplémentaires dans le débat public à l'encontre des populations d'origine étrangère »[15], ce qui nous avait empêchés de comprendre les dynamiques sociales menaçant la cohésion nationale. Nous accordions une importance exagérée aux convertis, pour nier les liens entre les populations d'origine immigrée, l'islam et le terrorisme. Nous privilégiions la thèse fallacieuse de la dérive sectaire individuelle, non parce que nous y croyions mais parce qu'elle nous semblait moins stigmatisante. Nous nous

---

15. Bernard Rougier, *Les Territoires conquis de l'islamisme* (ouvrage collectif), PUF, 2020.

perdions en circonlocutions pour ne jamais évoquer les problèmes les plus alarmants et les islamistes continuaient de tisser leur toile, en s'arrêtant parfois, peut-être, mélancoliques, devant le spectacle amusant de nos contorsions : ils regretteraient sûrement nos bouffonneries, quand ils auraient achevé de nous anéantir…

Ce déni nous avait empêchés d'observer et de comprendre les mécanismes complexes par lesquels les différents courants islamistes prenaient le contrôle de certains territoires, alors même que nous avions toute l'information nécessaire pour les analyser : « le système explicatif par la secte [...] passait par pertes et profits l'ensemble des connaissances constituées par l'étude de l'islamisme au Moyen-Orient et au Maghreb depuis plus d'une trentaine d'années. »[16] Nous étions parfaitement informés mais idéologiquement impuissants : notre arme s'était retournée contre nous.

Car c'est bien de cela qu'il s'agissait : d'une arme redoutable. Parce que le débat public ne nous semblait plus être qu'un champ de bataille, sur lequel devaient périr les idées mauvaises responsables des grands drames, nous avions fait de l'antiracisme une arme permettant de discréditer nos adversaires sans qu'il fût besoin d'argumenter. Une arme, de surcroît, à la portée de tous puisque, en sa possession, la maîtrise des notions les plus

---

16. Bernard Rougier, *ibid.*

élémentaires de la logique n'était plus nécessaire à la dénonciation des « amalgames », puisqu'un soupçon d'érudition fraîchement acquis donnait à son possesseur l'aura d'un docteur en histoire ou d'un islamologue. Une arme qui ne laisserait du débat public qu'un champ de ruines. Quelle audace... Quelle audace, aujourd'hui, de nous émouvoir de la misologie *woke* ou indigéniste, de la manipulation de l'actualité par des groupes séditieux ou criminels, du cynisme des islamistes tournant cette même arme contre nous en nous accusant d'islamophobie, quand nous en avions tant usé nous-mêmes et l'avions rendue si accessible ! En créant cette arme monstrueuse, nous avions détruit les fondements rationnels du débat : nous avions rendu la vérité impuissante par elle-même. Nous ne jugions plus de la pertinence d'un discours par sa fidélité à la réalité et par sa cohérence interne mais par les intentions supposées de son auteur et son effet possible sur les mentalités. Nous n'avions déjà plus conscience, il est vrai, de l'intérêt de la contradiction dans la recherche de cette vérité ; nous aurions au moins dû, à l'instant de ce choix irrévocable, trembler à l'idée qu'un tel pouvoir pût tomber en de mauvaises mains, puisque nous croyions les nôtres si bonnes. Nous n'avons pas tremblé. Cela est-il si étonnant ? Nous l'avons déjà dit : le sens des responsabilités nous manquait, nous avait toujours manqué et ce manque était au fondement de notre doctrine. Mettre un tel pouvoir à la portée du premier venu était une folie : quelle audace, aujourd'hui, de nous en laver les mains...

Le deuxième problème naissait de notre inclination à nous « reposer sur nos lauriers ». En nous habituant à « gagner » nos débats par des procédés déloyaux, nous perdions l'habitude d'argumenter réellement. Négligeant l'effet de la succession des générations, nous croyions que les tabous que nous avions patiemment construits à la force de nos sourcils (que nous avions maintes fois froncés en disant sévèrement « la République ») tiendraient. Il n'en fut rien. Non seulement les nouvelles générations ne crurent plus à nos valeurs, qui, détachées de leur base intellectuelle, ne reposaient plus que sur un vague tabou, mais nous avions nous-mêmes perdu l'habitude de les défendre. On entendit ainsi, en novembre 2020, un député centriste s'emporter contre une déclaration d'Aurélien Taché, qui défendait le droit à la polygamie. Sincèrement choqué, voici ce qu'il lui avait objecté :

> Qu'on puisse discuter, débattre de certains sujets – euh – bien entendu mais, quand vous semblez – euh – sous-entendre que certaines dispositions n'auraient rien à faire dans ce texte parce que ça relève de la liberté de conscience comme la polygamie ou les certificats de virginité, enfin, franchement, c'est indécent, ce que vous dites. [...] Les certificats de virginité, la polygamie, c'est une question de mode de vie ? On est en République, Monsieur Taché !

> — Qu'est-ce que ça veut dire, « on est en République » ? Expliquez votre phrase, c'est intéressant.

> — Que nous avons des valeurs en commun. Par exemple, le respect de la femme, enfin – euh... – d'avoir même à vous expliquer que la polygamie n'est pas conforme aux valeurs

de la République... Je... C'est... Pour vous, qui êtes un représentant du peuple en tant que député, c'est indécent.[17]

Nous ne savions plus ce qu'était un raisonnement. Nous avions perdu l'habitude de penser.

Comment, dès lors, nous étonner que l'indigénisme séduisît tant d'enfants d'immigrés et rencontrât si peu de résistance de la part des autres Français ? Nous n'avions plus rien à opposer à ses propagandistes, qui ne faisaient que tirer les conclusions logiques des idées que nous leur avions inculquées durant des décennies, en application de l'antiracisme bêlant. Nous avions cru pouvoir éternellement battre « notre » coulpe – en fait celle de nos ancêtres ou des autres Occidentaux réels ou imaginaires, les *racistes*, dont nous étions au contraire très fiers de nous distinguer – et expliquer aux immigrés qu'ils avaient toutes les raisons de nous haïr, tout en les convainquant toutefois de bien vouloir ne pas le faire. Cela avait tenu un temps car les groupes que nous incitions à la haine étaient fortement minoritaires donc impuissants et car toutes ces idées proprement séditieuses étaient systématiquement enrobées de nos sincères idéaux antiracistes qui, venant de la même source, étaient indifféremment tenus pour vrais. Rappelons-nous la chanson *Lily*[18], que nous avons déjà mentionnée et que nous faisions

---

17. *L'Heure des choix*, CNews, 20 novembre 2020.

18. Pierre Perret, 1977.

chanter à l'école[19] à nos enfants. Après neuf couplets expliquant que la France, « pays de Voltaire et d'Hugo » était en fait un pays profondément raciste où, comme en musique, « deux noires » valaient « une blanche », où, si l'on était noire, l'on était rejetée par les hôteliers et les futures belles familles et tenue de « serrer les dents » en se faisant appeler « Blanche-Neige » par pure cruauté dans les cours de récréation ; après neuf couplets, donc, expliquant que les noirs subissaient, en France, un *insupportable* racisme mais qu'une lueur d'espoir existait dans l'exil et la fraternité raciale des Panthères noires américaines, Pierre Perret sortait du chapeau une fin heureuse, vantant la « couleur de l'amour contre laquelle on ne peut rien », acceptée sans discussion parce qu'elle venait de lui. La génération suivante n'eut qu'à tirer les conclusions calomnieuses des neufs premiers couplets pour jeter le dixième à la poubelle de nos sophismes.

Le troisième effet néfaste de la compromission de notre intelligence, enfin, est ce qu'ambitionne de corriger cette confession : elle rend aujourd'hui difficile notre remise en question. L'année 2020 fut un triple coup de tonnerre mais si nous acceptons qu'il nous réveille, nous devrons nous expliquer de notre sommeil volontaire. Nous ne devrons pas simplement admettre avoir été naïfs et trop bienveillants ni

---

19. Nous écrivons « à l'école » par pudeur car il est trop douloureux d'avouer que nous avions aussi donné à « étudier » cette chansonnette enfantine à nos bacheliers en 2005. Faisons-le ici par honnêteté, en espérant que le lecteur négligera les notes de bas de page.

même lâches ou carriéristes. Nous devrons assumer d'avoir déraisonné or nous avons peur du ridicule. Nous devrons nous expliquer. Expliquer pourquoi nous avons étalé une fausse culture, prétendu que l'islam n'avait rien à voir avec lui-même, que l'insécurité était une illusion, que ceux qui nous haïssaient nous aimaient, que ce qui arrivait n'arrivait pas et que le voir quand même était criminel. Nous devrons expliquer que nous nous sommes réellement crus, malgré tout, *impeccablement* moraux. Une déraison d'une telle ampleur fera aussi nécessairement apparaître des ressorts existentiels que nous croirons inavouables car ils nous sembleront intimement originaux. En plus du ridicule, nous devrons supporter, le temps de nous reconstruire une vision du monde, la *déréliction* de l'idolâtre détrompé, du romantique déçu : nous ne faisons finalement pas partie des *élus*, nous ne sommes pas moralement supérieurs du seul fait de notre adhésion à une idée simpliste et le sens de l'existence ne se trouve pas dans l'éternel combat, contre le Mal, de justes, dont l'unique mérite est de savoir que le racisme est une vilaine chose. Une telle déraison semblera peut-être incompréhensible et risible à ceux qui ne s'y sont pas livrés et, à plus forte raison, à ceux qui, résistants de la onzième heure, s'imagineront soudain ne l'avoir jamais fait.

Ce livre a pour objet de nous aider à nous faire comprendre, pour nous aider à nous reprendre et à sauver, du monde que nous aimions, ce qui peut l'être encore.

Ce monde ne mérite-t-il pas la gêne passagère d'un *mea culpa* ?

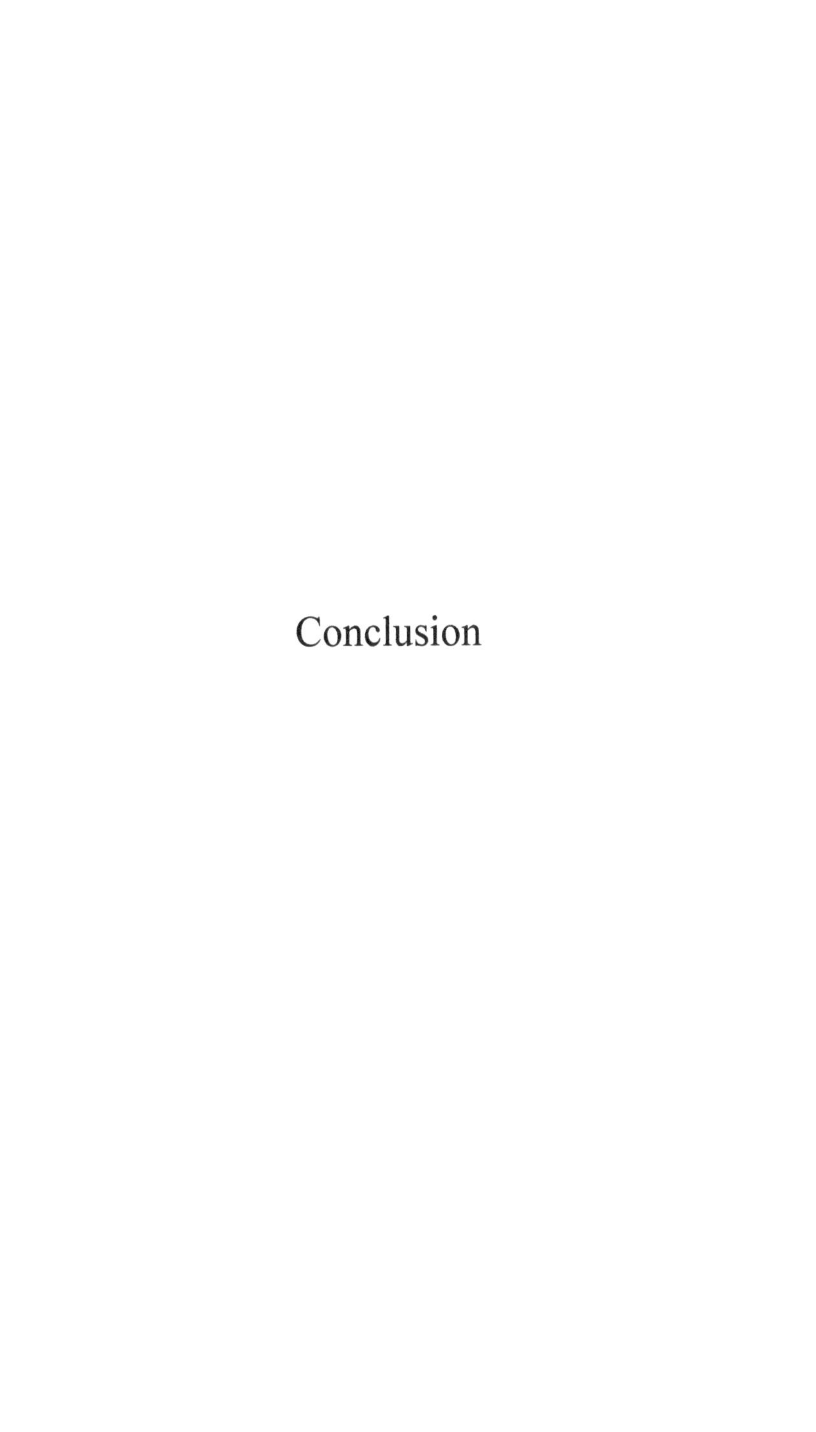

# Conclusion

# Et maintenant ?

**Notre idéalisme impuissant**

Notre aveuglement volontaire s'expliquait donc non seulement par des biais idéologiques mais aussi par des vices moraux : nous étions lâches et conformistes, tour à tour violemment, calmement et froidement conformistes, nous étions orgueilleux et satisfaits.

Résumons-nous.

I. L'année 2020 fut un triple choc, qui nous força brutalement à admettre les effets de décennies d'aveuglement : l'influence grandissante d'un profond mouvement séditieux, l'indigénisme ; l'abandon de quartiers entiers à la loi de mafias et la multiplication des violences gratuites ; la constitution de « territoires d'islam »[1] au sein desquels se développait l'islamisme le plus hostile.

II. Tout était pourtant depuis longtemps sous nos yeux. Nous n'avions donc pas tant péché par faiblesse intellectuelle que par une ardeur excessive dans le déni : nous n'avions pas vu car nous n'avions pas *voulu* voir.

III. Le principal outil de ce déni fut l'abus de notre *privilège d'amalgame*. En nous permettant de décréter, sans nous soumettre aux exigences de la logique ou de la rigueur statistique, quelles vérités générales étaient vraies ou fausses, ce privilège nous préservait de toute remise en question.

Nous ne tenions pour vraies que les remarques permettant de régler des problèmes qui nous semblaient plus graves que la stigmatisation qu'elles entraînaient. Pour comprendre nos aveuglements, il nous a donc fallu, dans une deuxième partie, comprendre les ressorts idéologiques de cet arbitrage : qu'y avait-il d'à nos yeux si léger sur le plateau vide de la balance ?

IV. Les personnes, d'abord. Par le biais idéologique de *labellisation*, nous ne nous intéressions qu'aux souffrances confirmant notre grille de lecture

---

1. Bernard Rougier, *Les Territoires conquis de l'islamisme* (ouvrage collectif), PUF, 2020.

marxisante dominants-dominés et pouvant s'exprimer en certains termes sociologiques prédéfinis.

V. Les équilibres sociaux et ethno-démographiques, ensuite. Ce second biais idéologique était dû à une mauvaise approche du passé, du présent et de l'avenir : un manichéisme historique, un ethnocentrisme angélique et une illusion d'immortalité.

VI. Ces biais se fondaient sur une doctrine implicite : *l'antiracisme bêlant*. Ce « traité de Versailles » de la paix civile, assis sur une croyance naïve au pouvoir de la bonne volonté, était voué à l'échec car il confondait le diagnostic et le mal : plus les problèmes devenaient alarmants, plus nous croyions urgent de les taire.

Nous avons ainsi expliqué ce qui nous semble constituer l'essentiel des fondements idéologiques de nos aveuglements volontaires. L'antiracisme, qui s'était d'abord imposé par souci de l'unité nationale en 1939, avait mué en une forme qui se voulait plus généreuse. Par une ironie tragique, cette nouvelle forme nous avait finalement rendus tout à la fois insensibles aux malheurs des hommes et insouciants des menaces pesant sur la paix civile. Une coïncidence nous a alors marqué : nous n'avions jamais réellement souffert de nos engagements, qui nous avaient au contraire toujours valu des gloires faciles. Avions-nous réellement agi par générosité ? Il nous a donc fallu poursuivre notre introspection : n'avions-nous pas aussi fauté moralement ?

VII. Notre insensibilité idéologique aux souffrances des *personnes* n'était peut-être pas uniquement due à un relent marxiste. Nous nous faisions toujours les défenseurs des plus violemment susceptibles, avec des conséquences parfois terribles pour leurs victimes, car nous étions mus par la *peur* et nous étions lâches.

VIII. L'antiracisme bêlant, lui, satisfaisait assez bien notre *orgueil* et notre *conformisme* : il nous permettait de prendre notre cruauté grégaire, notre souci du qu'en-dira-t-on et notre égoïsme pour de la morale. En substituant les valeurs aux vertus dans le jugement des hommes, il nous permettait de nous prendre pour des justes sans effort et aux seuls frais de victimes que nos biais idéologiques nous rendaient invisibles.

IX. Enfin, nous fautions contre la raison. Le débat public n'était plus, pour nous, le lieu où une dialectique fertile permet à la vérité d'émerger mais celui où nous autres, les justes, devions faire taire les fauteurs de trouble par tous les moyens. Nous compromettions donc notre intelligence dans des sophismes de plus en plus grossiers ; nos succès immédiats nous empêchaient de voir que nous nous désarmions à long terme : nous ne savions plus défendre rationnellement nos idéaux. Les ennemis de la France s'en rendirent bientôt compte. Ils surent se cacher dans l'angle mort de nos œillères idéologiques, s'appuyer sur nos contradictions intellectuelles pour attiser la rancune d'une partie des immigrés et de leurs descendants et retourner l'arme antiraciste contre nous pour inhiber toute réaction.

Cette compromission intellectuelle risible, aujourd'hui, nous tétanise : reconnaître nos erreurs exige que nous reconnaissions avoir déraisonné et nous être perdus dans un gnosticisme ridicule or il risque de nous sembler encore possible de sauver les apparences, par une obstination funeste dans une bonne volonté de façade.

### Nous devons faire honte aux idéalistes

Nous avons dit avoir été incapables, par manque d'empathie, de prévoir l'évolution des mentalités et des idéologies. Tentons au moins de deviner, par l'introspection, l'évolution de notre propre pensée. Nous ne nous sommes pas trompés de bonne foi. Si nous avons pu *préférer* nous tromper et si nous risquons de le préférer encore, c'est, à bien y réfléchir, par un calcul qui, conscient ou non, se trouvait être tout à fait exact : tirer la sonnette d'alarme nous faisait prendre le risque de la mort sociale, alors que personne ne nous aurait reproché, ni alors ni plus tard, notre naïveté. Nous avions en effet toujours fait honneur aux vrais et faux naïfs, aux criminels aux mains propres. Bernard Rougier avait beau s'émouvoir du temps perdu face aux islamistes par la faute de ceux qui ne voulaient pas « fournir à l'extrême droite des arguments supplémentaires », il continuait de vanter ce « motif louable »[2]. Notre Président versait une larme sur la tombe du soldat inconnu mais chantait les mérites de « nos prédécesseurs [qui avaient] tenté de bâtir la paix », tentative qui n'avait fait qu'une belle jambe à ce pauvre soldat, lui qui eût tant préféré qu'ils y réussissent… Mais nous avions dit un jour et pensions encore :

— Mieux vaut avoir tort avec Sartre que raison avec Aron.

Notre vision de l'histoire imprègne encore nos jugements actuels : nous louons les idéalistes qui créent des désastres et nous fustigeons les prophètes de malheur qui, au risque de leur réputation, tentent de prévenir les grands drames. Tant que nous préférerons Sartre à Aron, nous continuerons de préférer *être Sartre* qu'Aron ; nous retournerons à notre sommeil volontaire car nous y aurons *intérêt* ; nous nous laverons les mains du sort de la France et du malheur des autres : c'est ce pli de notre âme qu'il nous faut d'abord combattre.

Nous ne devons plus nous en sortir par le seul affichage de nos bonnes intentions,

Nous devons nous contraindre à la vérité :

Nous devons faire honte aux idéalistes bêlants.

---

2. Bernard Rougier, *Ibid.*

# Table des matières

# Table des matières

Édition : BoD – Books on Demand
12/14 rond-point des Champs-Élysées, 75008 Paris
Impression : BoD - Books on Demand, Norderstedt, Allemagne
Première édition : septembre 2021

ISBN : 978-2-322-38698-7

Dépôt légal : novembre 2021